Wolf-Bernd Wiemer, David Lewis · Karpfenfieber

Wolf-Bernd Wiemer

Karpfenfieber

Limpert

Fotos:
Andreas Koffka, 8380 Oberstdorf, S. 18, 19
Dr. E. Anneken, 2807 Achim, S. 20, 22, 23, 31, 42,
66, 70
David Lewis, 6239 Eppstein, S. 12, 13, 24, 43, 51,
52 unten, 56 oben, 65, 68, 69, 71, 91, 92, 119, 125,
126 unten
Wolf-Bernd Wiemer, 6200 Wiesbaden, S. 10, 17, 25, 30,
33, 34, 35, 36, 39, 41, 44, 46, 47, 48, 49, 50, 52 oben, 53,
54, 55, 56 Mitte, unten, 57, 58, 59, 60, 61, 62, 63, 64,
72, 74, 77, 81, 83, 84, 85, 86, 87, 88, 90, 100, 102, 103,
105, 108, 112, 123, 126 oben
Don Smith (Fa. Crafty Catcher), London, S. 26
Fritz Siedel, 2945 Sande über Wilhelmshaven, S. 28
Jim Clow, London, S. 21
Dieter Dörr, 6200 Wiesbaden, S. 67, 114, 115, 124

Zeichnungen:
Moog, Moog & Morgenstern, Koblenz

1. Auflage 1986
© by Limpert Verlag, Bad Homburg
Alle Rechte vorbehalten
Gesamtherstellung: Boss-Druck, Kleve
Printed in Germany

ISBN 3-7853-1485-X

Inhalt

Einleitung

Als 1758 der schwedische Naturforscher Carl von Linné dem Karpfen den wissenschaftlichen Namen *Cyprinus carpio* schenkte, da muß er wohl bereits eine anglerische Zukunftsvision vor seinen Augen gehabt haben. Denn das Wort Cyprinus stammt aus dem griechischen „Kypris". Das ist der Beiname der Aphrodite, der Göttin der Liebe. Und Liebe kann sehr schnell zur Leidenschaft, zum Fieber werden.

Der Jagdinstinkt unserer Urahnen ist – wenn auch inzwischen arg verkümmert und durch unsere Zivilisation stark zurückgedrängt – in jedem Menschen verwurzelt. Im angehenden Karpfenangler besonders. Und so kann es geschehen, daß dieser Trieb unvermutet aufbricht und der einstige Allroundangler plötzlich erkennt: Das Karpfenangeln ist über die stille Liebe hinausgewachsen und zur Leidenschaft geworden. Einer Leidenschaft, der man nicht mehr entrinnen kann. Wen das Karpfenfieber einmal derart gepackt hat, der kann sich seinem Banne nicht mehr entziehen. Er erhält allenfalls durch regelmäßige Besuche des Fischwassers etwas Linderung. Heilen indes wird man das Karpfenfieber kaum können.

Das vorliegende Buch soll dem interessierten Angler weitgehende Informationen liefern. Mit Sicherheit vermag es auch den Insidern auf dem Gebiet des Karpfenangelns so manch neuen Trick oder Anregung zu geben. Um große Karpfen fangen zu können, müssen wir uns zunächst mit dem gesamten Umfeld dieser Spezialität vertraut machen. Wir müssen den Karpfen und das seinem Fang zugedachte Angelgerät kennenlernen. Uns müssen die Futterzubereitungen und die einzelnen, oft völlig neuartigen Fangmethoden bekannt werden. Wir müssen fast wie Karpfen fühlen und handeln, wenn wir die stattlichen dieser Prachtexemplare über unseren Kescher führen wollen. Den Weg zum erfolgreichen Karpfenangler möchten wir mit unserem Buch ebnen.

Anglerboote im Altrhein

Der Karpfen

Historisches

Den Karpfen in seiner schlanken, völlig beschuppten Wildform gibt es wahrscheinlich seit Millionen von Jahren. Das haben Forscher aus guterhaltenen Versteinerungen und anderen Funden ermitteln können. Aus primitiven Zeichnungen sowie aus Fischschuppen und Grätenteilen fand man heraus, daß auch unsere frühen Vorfahren den Karpfen bereits bejagt haben müssen. Es ist historisch belegt, daß der Karpfen schon auf der Tafel Theoderichs des Großen in Ravenna im Jahre 510 anzutreffen war und daß auch Karl der Große bereits seine Vögte zur Anlegung von Karpfenteichen aufforderte. Karpfenzucht dürften in Deutschland zuerst die Mönche des Mittelalters betrieben haben, nachdem das Essen von Fisch den Fastenvorschriften gemäß zu gegebener Zeit erlaubt wurde. Man hielt die Fische in geeigneten Teichen oder abgesperrten Flußstrecken und verfügte somit immer über ein beachtliches Fleischreservoir. Natürlich dienten künstlich angelegte Gewässer anfangs nur als Hälterungsteiche. Sehr frühzeitig ist jedoch bemerkt worden, daß sich gerade der Karpfen hervorragend für die Aufzucht eignet. Und so ist es nicht verwunderlich, daß ausgerechnet ein Bischof das erste Werk über eine systematische Teichwirtschaft verfaßte.

Karpfenarten und -formen

In seinem Körperbau ist der Karpfen ungemein variabel. Wie bei keinem anderen Fisch unserer Heimat macht sich bei ihm der Einfluß des Menschen bemerkbar. Denn den Züchtern ist es gelungen, verschiedene Karpfenarten und -formen herauszubilden. Je höher der züchterische Einfluß wird, je plumper und fleischiger wirken unsere Wasserhaustiere. Die Stauchung des Körpers wurde durch züchterische Verkürzung der Wirbelsäule erreicht.

Wir unterscheiden die verschiedenen Karpfenarten vor allem nach der unterschiedlichen Form der Beschuppung.

1. Die Urform des Karpfens ist zweifelsohne langgestreckt und ganz beschuppt. Heute kommt diese Wildkarpfenform in Deutschland kaum noch vor.
2. Gleichmäßig auf dem ganzen Körper verteilt sind die Schuppen der gedrungenen Form des Schuppenkarpfens. Er trägt ein ungewöhnlich schönes Kleid und zählt wohl zu den schönsten Karpfenarten überhaupt. Sein Rücken ist dunkelgrün oder dunkelbraun bis fast schwarz. Die Seiten schimmern in einem Bronzeton und werden zum Bauch hin heller. Der dunkle Kopf trägt wie alle Karpfen die vier mar-

kanten Bartfäden an der Oberlippe; das kleinere Paar ziemlich weit vorn und das größere annähernd in den Maulwinkeln.

3. Der bei uns weitverbreitete Spiegelkarpfen hat unter der Rückenflosse eine Reihe recht großer Schuppen. Vereinzelte Schuppen befinden sich häufig auch an den Flossenansätzen, besonders nahe der Schwanzflosse sowie an der unteren Bauchseite. Seine Färbung ist oft gelblich bis fast orange, wobei die untere Bauchseite immer einen helleren Ton aufweist. Der Körperbau ist gedrungen.

4. Dem Spiegelkarpfen zum Verwechseln ähnlich ist der Zeilkarpfen. Nur hat er gewöhnlich zusätzlich entlang der Seitenlinie eine – zuweilen auch zwei oder gar drei – Schuppenreihen.

5. Nur in der Beschuppung unterscheidet sich der Leder- oder Nacktkarpfen von den anderen Zuchtkarpfen. Gänzlich „nackt" ist allerdings auch diese Karpfenart fast nie. Bei ihr findet man häufig einzelne Streuschuppen, meist entlang der Rückenflosse oder im Schwanzwurzelbereich.

Die Flossenformen aller Zuchtkarpfenarten sind eigentlich wenig variabel. Die Brustflossen setzen ziemlich dicht hinter den Kiemendeckeln an und reichen beinahe bis zum Ansatz der Bauchflossen. Nur beim Wildkarpfen ist dieser Zwischenraum größer. Die Afterflosse steht recht weit vom Körper ab. Die Schwanzflosse ist etwas, bei Wildkarpfen stärker gega-

Rüsselmaul

belt. Sie weist als einzige keine Hartstrahlen auf. Typisch für den Karpfen ist seine ausgesprochen lange Rückenflosse.

Karpfen besitzen die Gabe, ihr Maul weit vorstrecken zu können. Als Fisch, der seine Nahrung überwiegend vom Boden aufnimmt, kommt ihm dieser „Rüssel", wie das Maul auch zutreffend genannt wird, sehr zustatten. Obwohl der Karpfen wie alle Cypriniden keine Zähne auf seinen Kiefern hat, ist er imstande, auch härtere Nahrung wie kleine Schnecken, Krebse oder Muscheln regelrecht zu zerknacken. Dies vollbringen die starken Schlundzähne im Zusammenspiel mit einer hornigen Platte, die auch „Karpfenstein" genannt wird.

Mittelgroß sind die lidlosen Augen des Karpfens.

Die Färbung der Karpfen ist sehr unterschiedlich. Der dunkle Rücken hat eine blaugrüne Einfärbung, die häufig fast schwarz erscheinen kann. Die Flanken können von bräunlich über blaugrün bis goldgelb ausfallen. Auch werden wir des öfteren einen rötlichen Schimmer an den üblicherweise blaugrünen Flossen der Bauchseite erkennen.

Die Schuppen können anhand der Zuwachsringe (ähnlich wie bei Bäumen) Aufschluß über das Alter des Fisches geben. Diese Jahresringe verlaufen vom Zentrum nach außen und sind während des schnelleren Sommerwachstums breit, im Herbstwachstum eng.

In der Oberhaut befinden sich Schleimzellen, die für den Fisch eine Schutzschicht gegen Bakterien und Parasiten bilden.

Falsche Karpfen

Falscher Karpfen: Graskarpfen

Obwohl der Karpfen eigentlich durch seine Körperform und die typischen vier Bartfäden hinreichend gekennzeichnet ist, werden andere Fische häufig auch als „Karpfen" bezeichnet.

Die *Karausche* wird auch Bauern- oder Kreuzkarpfen genannt. Sie ähnelt von der Körperform her stark dem hochrückigen Zuchtkarpfen, hat aber keine Barteln. Bastarde zwischen Karpfen und Karauschen können allenfalls ein Paar Barteln aufweisen. Die Rückenflosse ist, anders als beim Karpfen, konvex ausgebildet. Außerdem hat sie einen auffallenden dunklen Fleck an der Schwanzwurzel.

Der *Weiße Amur*, fälschlicherweise als Graskarpfen oder Grasfisch (es gibt verschiedene Arten) bezeichnet, ist ein ursprünglich im Amurgebiet beheimateter Weißfisch. Er gehört nicht zu den Karpfen und wird in Deutschland vielfach in stark verkrauteten Gewässern eingesetzt, da er pflanzliche Nahrung – besonders die jungen Schößlinge – gern mag. Bei Überbesatz schafft es der Weiße Amur spielend, aus einem verkrauteten See in relativ kurzer Zeit einen pflanzenlosen Weiher zu machen; wenn die Gewässer nicht ablaßbar sind, eine verhängnisvolle Entwicklung. Dieser Fisch kann sich in unseren Breiten nicht natürlich vermehren. Er besitzt im Gegensatz zum Karpfen keine Barteln. Der Körper ist spindelförmig und erinnert von der Form her an den Döbel.

Atmung und Blutkreislauf, Organe

Atmung und Blutkreislauf

Die Atmung eines Fisches erfolgt, indem er durch das Maul sauerstoffhaltiges Wasser aufnimmt und es durch Schließen des Maules und gleichzeitigem Öffnen der Kiemendeckel wieder nach außen preßt. Hierbei zwängt sich das Wasser durch die Spalten zwischen den Kiemenblättchen. Feine Blutkapillaren nehmen Sauerstoff auf und geben Kohlensäure ab. Jede der Kiemenbogen des Karpfens hat etwa 80 Paar Kiemenblättchen, deren Gesamtoberfläche relativ groß ist und einen wirksamen Gasaustausch ermöglicht.

Der Blutkreislauf gleicht in vereinfachter Form dem anderer Wirbeltiere. Das Herz weist zwei hintereinanderliegende Kammern auf. Die vordere preßt das Blut direkt in die Kiemenblättchen. Von dort strömt es in alle Körperteile und kehrt danach in die hintere Herzkammer zurück, um wieder in die Kiemen gebracht und mit Sauerstoff angereichert zu werden.

Der Karpfen ist wie alle Fische ein wechselwarmes Lebewesen. Seine Körpertemperatur ist von der des Wassers abhängig und dieser in etwa gleich. Dies hat zur Folge, daß sich bei sehr niedrigen Wassertemperaturen der gesamte Kreislauf auf ein Minimum reduziert und auch die Freßbereitschaft abnimmt.

Organe

Die Sinnesorgane

Neueste Untersuchungen haben ergeben, daß die Sinnesorgane der Fische weitaus sensibler und ausgeprägter sind als im allgemeinen angenommen wurde.

Das *Auge* des Karpfens besteht wie bei allen höherstehenden Tieren aus Hornhaut, Linse, Glaskörper und Netzhaut. Es hat keine Augenlider. Der Blickwinkel ist durch die seitliche Augenstellung besonders groß. Für sein Leben, das sich vornehmlich auf dem Gewässergrund abspielt, spielt die Kurzsichtigkeit des Auges keine große Rolle. Daß die Fische Farben unterscheiden können, ist durch zahlreiche Experimente nachgewiesen worden.

Die Fähigkeit, Berührungsreize wahrzunehmen, ist beim Fisch besonders ausgeprägt. Die *Tastorgane* sind winzig kleine Nervenenden, die sich am ganzen Körper, dichter jedoch im Kopfbereich (Mund und Lippen) befinden. Sie dienen unter anderem auch dazu, Größe und Beschaffenheit der Nahrung zu untersuchen.

Daß Karpfen arge Süßmäuler sein können und einen guten Happen selten verschmähen, ist allen Anglern wohlbekannt. Die *Geschmacksknospen* sind vor allem an den Barteln und im Fischmaul konzentriert, kommen aber auch am ganzen Körper vor.

Nicht allen Petrijüngern ist geläufig, daß der Karpfen neben dem Geschmacks- auch über einen *Geruchssinn* verfügt. Dieser Sinn ist es nämlich, der den Fisch an unseren Angelplatz lockt und ihn zur Nahrungsaufnahme animiert oder ihn – bei anrüchigem Futter – beleidigt davonschwimmen läßt. Der Geruchssinn des Fisches funktioniert etwas anders als der unsere. Der Riechprozeß erfolgt über Sinnesknospen, die sich an der vorderen Nasenöffnung befinden und mit zahlreichen Fältchen versehen sind, die an der Oberhaut mit ihren vielen Nervenenden liegen. Diese Nasengruben sind durch eine waagerecht verlaufende Hautbrücke unterteilt. Durch die vordere Öffnung strömt das Wasser ein, durch die hintere wieder aus. Die Sinnesorgane „schmecken" das durchlaufende Wasser nach Geruchsstoffen ab. Versprechen diese dem Fisch einen reichgedeckten Tisch, so macht er sich schnurstracks auf den Weg in das Schlaraffenland. Die Tatsache, daß die Fische immer gegen die Strömungsrichtung im Wasser stehen, hängt unter anderem mit der Funktion ihrer Geruchs- und Geschmacksorgane zusammen.

Karpfen besitzen auch ein *Gehör*, das allerdings nicht in der uns bekannten Weise durch eine äußere Körperöffnung sichtbar ist. Der innere Aufbau des Gehörs entspricht jedoch dem der Wirbeltiere. Die Sensibilität auf Geräusche und Erschütterungen wird verstärkt durch die *Seitenlinienorgane*, mit denen der Fisch zum Beispiel Strömungsverhalten der Gewässer, Hindernisse, seitlich von ihm schwimmende Artgenossen und eben Erschütterungen erkennen kann, die wir am Ufer beim unbedachten Umherlaufen verursachen. Das Labyrinth

mit seinen mit Lymphflüssigkeit gefüllten Bogengängen dient neben dem Hör- auch als *Dreh- und Gleichgewichtsorgan*. Der untere Teil dieses Systems ist sackartig. Es enthält Kalksteinchen (Otolithen). Diese liegen auf Sinneshaaren, mit denen auch die Bogengänge ausgestattet sind. Jede Bewegung des Fisches wird von der Flüssigkeit in den Bogengängen registriert. Dabei drückt die Lymphflüssigkeit der Bewegung entsprechend gegen die Sinneshärchen und löst einen Reiz aus, der dem Hirn übermittelt wird.

Die inneren Organe
Im Leibesinneren befinden sich die verschiedenen Organe. Das *Herz* (von den übrigen Organen durch einen aufsteigenden Teil des Bauchfells abgetrennt), die *Schwimmblase*, der *Darm*, die *Leber*, die *Milz* und die *Niere*. Bei allen karpfenartigen Fischen suchen wir vergebens den Magen. Deshalb muß der Fisch die Nahrung bereits zwischen Schlundzähnen und Kauplatte gründlich zerkleinern. Bei ausgewachsenen Karpfenexemplaren beträgt die Darmlänge etwa das zweieinhalbfache der Körperlänge. Das ist bei allen Friedfischen so. Raubfische besitzen einen wesentlich kürzeren Darm. Die *Fortpflanzungsorgane* befinden sich ebenfalls im Leibesinneren. Beim Rogner werden die Keimdrüsen später ausgebildet als beim Milchner, dafür weisen sie ein erheblich stärkeres Wachstum im Vergleich zum Gesamtkörpergewicht auf. Sowohl die gelbgrünen Eierstöcke als auch die weißen Hoden-

lappen sind paarig angeordnet und befinden sich links und rechts des Darmes.

Verbreitung

Woher der Karpfen ursprünglich stammt, darüber streitet sich die Wissenschaft. Man neigt jedoch zu der Annahme, daß er in den wärmeren Klimazonen Asiens seine Heimat hat. Auch über sein Auftreten in Europa ist man sich nicht ganz einig. Die einen vermuten ihn bereits in der voreiszeitlichen Periode, die anderen glauben an seine Nachweisbarkeit erst während der Eiszeit.
Völlig belegt ist aber, daß er den Römern und Griechen bereits vor Beginn der christlichen Zeitrechnung bekannt gewesen sein muß.
Heute ist der Karpfen in Europa außer in den sehr kalten Gebieten Skandinaviens in fast allen Gewässern anzutreffen. Auch in vielen außereuropäischen Ländern, in denen er vorher nicht vorzufinden war, ist er inzwischen mit Erfolg eingebürgert worden. So zum Beispiel in Indien, der Türkei, in Südafrika, den USA und Australien. Erwähnenswert scheint dabei, daß Besatzversuche in einigen Ländern wärmerer Regionen zu einer geradezu explosionsartigen Vermehrung führte, so daß der Karpfen dort zu einer Art Ungeziefer wurde, die es zu bekämpfen galt. In Australien ist er zu einer derartigen Plage geworden, daß Einfuhr und Zucht dort per Gesetz verboten wurde.

Lebensraum

Für wärmeres Wassser besitzt der Karpfen eine ausgesprochene Vorliebe. Wenn dann noch starker Pflanzenbewuchs und schlammiger Gewässerboden hinzukommen, dann wähnt er sich im Karpfenparadies. Die Pflanzen bieten ihm Unterstand und Laichplatz. Daneben halten sich im Pflanzenbereich viele kleine lebende Leckerbissen für ihn auf. Diese idealen Karpfenplätze finden wir meist in stehenden Gewässern (Seen, Teiche, Staubecken, Altarme usw.) sowie in langsam fließenden Gewässern. Aufgrund seiner meist kompakten Körperform ist er für diese Gewässer auch am geeignetsten. Natürlich wird er auch in schnelleren Fließgewässern gefangen. Oftmals hat er sich derart an die Strömung angepaßt, daß seine Körperform dann wieder der Wildkarpfenform näherkommt.
An den Sauerstoffgehalt des Wassers stellt der Karpfen keine großartigen Ansprüche. Allerdings erhöht sich der Sauerstoffbedarf mit der Zunahme seiner körperlichen Aktivitäten. Je wärmer es wird, je lebendiger wird der Karpfen. Übersteigt die Wassertemperatur allerdings die ihm angenehme Wärme, dann wird er faul, und man kann ihn oft an der Wasseroberfläche stehen sehen. Auf Futtersuche geht er dann meist nur in den Morgen- und Abendstunden.

Auch in wärmeren Bergseen gedeihen Karpfen

Im Unterstand

Sichere Deckung

Schuppenkarpfen

Schuppen- und Zeilkarpfen

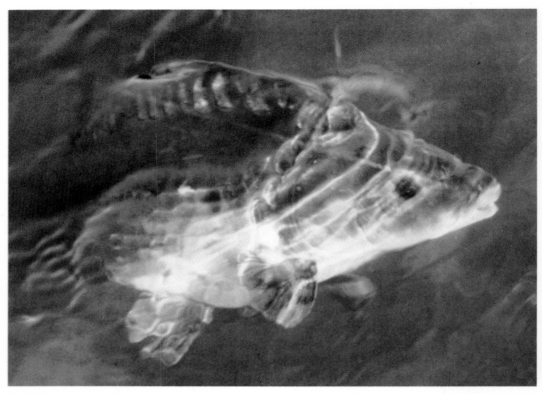

Ein Spiegelkarpfen hat den Köder genommen

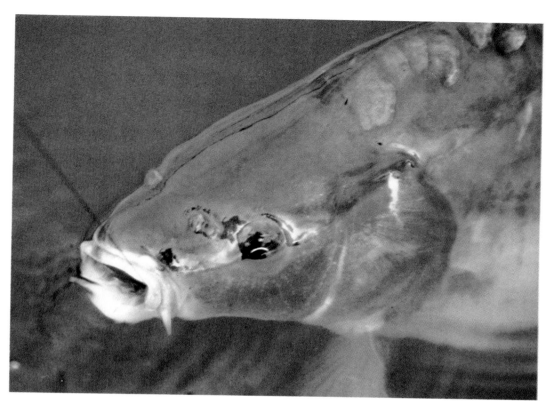

Charakterkopf

Prächtiger Spiegelkarpfen

Ernährung

Die junge Karpfenbrut ernährt sich von Plankton, später dann von Kleinlebewesen wie Wasserflöhe, Wasserasseln und Zuckmückenlarven. Auch Algen werden nicht verschmäht. Zunächst einmal müssen sich die kleinen Kärpfchen aber selber gehörig in acht nehmen, um nicht Opfer eines der vielen hungrigen Mäuler gieriger Räuber zu werden. Vor allem die jungen Barsche räumen kräftig unter der Karpfenbrut auf.

Auch im späteren Alter bleibt der Karpfen überwiegend ein Kleintierfresser. Pflanzliche Nahrung wird ebenfalls nicht verachtet. Größere Karpfen gehen auch schon mal an gewichtigere Happen heran. Muscheln, Schnecken und kleinere Krebse werden gern genommen. Es wurde glaubwürdig beobachtet, daß Großkarpfen zum Kanibalismus neigen können. Nicht zufällig findet man zuweilen in den einschlägigen Presseberichten Meldungen, wonach größere Karpfen ganz sauber einen Blinker genommen haben. Der Haken saß exakt im Maul.

Seine Nahrung „saugt" der Karpfen mit seinem rüsselartigen Maul auf. In der wärmeren Jahreszeit – die günstigste Temperatur liegt bei etwa 20 Grad Celsius – ist sein Futterbedarf besonders groß. Daß er sich nachts ausruht oder mit dem Fressen aussetzt, gehört in das Reich der Fabel. Karpfenspezialisten fangen gerade in den Nachtstunden mit Erfolg ihre Prachtexemplare. Aber auch im Winter, wo „an-

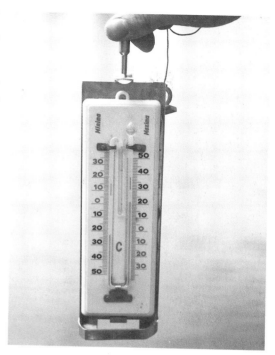

20 Grad Celsius – günstige Freßtemperatur

ständige" Karpfen ihren Winterschlaf halten sollten, gehen ihnen bei Temperaturen um die Nullgradgrenze noch Karpfen an den Haken. Wird das Wasser zu warm, reagieren die Karpfen mit Freßunlust, die unter anderem mit dem verminderten Sauerstoffgehalt des Wassers zusammenhängen kann. Diese Obergrenze liegt bei einer Wassertemperatur von etwa 30 Grad Celsius.

Ist die Wasserfläche ruhig und der Gewässerboden gut sichtbar, dann können wir oft die kreisrunden Fraßlöcher entdecken, die die Karpfen beim Gründeln nach Zuckmückenlarven, Würmern und anderem Eßbaren hinterlassen.

Wachstum

Der Karpfen gilt als ausgesprochen frohwüchsig. Das gilt insbesondere für den Zuchtkarpfen, der nach einem Jahr 6 bis 15 cm lang und bis 50 Gramm schwer, in zwei Jahren 20 bis 30 cm lang und bis 300 Gramm schwer werden und nach drei Jahren bei einer Länge von rund 40 cm ein Gewicht von durchschnittlich 1500 Gramm auf die Waage bringen kann. Im Vergleich hierzu werden die Karpfen in freier Wildbahn (Besatz) in der gleichen Zeit nur rund 35 cm lang und 1000 Gramm schwer. Noch stärker klafft der Gewichtsunterschied zwischen dem Zuchtkarpfen und dem reinen, schlanken Wildkarpfen, der als Dreisömmriger mit nur etwa 600 Gramm ein ausgesprochenes Leichtgewicht ist. Diese Angaben können natürlich bei den einzelnen Gewässern mehr oder weniger stark abweichen, sind aber durchaus gute Anhaltspunkte und Durchschnittswerte. Selbstverständlich muß man auch immer berücksichtigen, daß ein Überbesatz wegen des dann fehlenden Futterangebotes wahrscheinlich immer zu Kleinwüchsigkeit oder gar Verbuttung führen wird.

Das Maximalgewicht des Karpfens dürfte bei 30 kg liegen. Ausnahmen bestätigen die Regel: Tatsache ist, daß

Dreiundsechzigpfünder aus dem legendären Lac de St. Cassien (Frankreich)

es im Aquarium des Berliner Zoologischen Gartens einen Karpfen zu sehen gab, der das fast unglaubliche Gewicht von gut 80 Pfund erreichte. Der deutsche Rekordkarpfen wurde 1977 in der Weser gefangen und wog 26.370 Gramm. In den Berichten der Fachpresse finden wir regelmäßige Berichte von Fängen über 10 bis 15 Kilogramm. Und für die meisten Angler ist diese Marke auch schon die Schwelle zum „Fisch des Lebens", zum ganz persönlichen Traumfisch. Karpfen, deren Gewicht die 10−Kilo−Skala wesentlich überschreiten, gehören schon zu den wirklichen Ausnahmen.

Alter

Über das mögliche Höchstalter der Karpfen hatte man früher nur recht vage Vorstellungen.

Noch vor einhundert Jahren war man der festen Überzeugung, daß Karpfen ein biblisches Alter von 100 bis 150 Jahren erreichen könnten. Das waren phantastische Vorstellungen, obwohl bereits damals die Altersbestimmung anhand von Schuppen und Knochen durchaus bekannt war. Heute weiß man, daß selbst die Methusalem unter den Karpfen keine 50 Jahre alt werden. Ein Alter von 25 bis 30 Jahren scheint normal zu sein. Ein Jüngling von zarten 12 Lenzen kann schon an die 40 Pfund schwer werden. Allerdings legen die älteren Prachtexemplare dann kaum noch an Gewicht zu.

Fortpflanzung

Der Karpfen vermehrt sich in freien Gewässern keinesfalls Jahr für Jahr. Bei ungünstiger Witterung kann der Laichvorgang gänzlich ausbleiben. Auch dann, wenn die natürlichen Laichplätze, z. B. in tiefen, steilabfallenden Baggerseen, fehlen, kann eine natürliche Vermehrung nicht stattfinden. Erstaunlich ist, daß die Weibchen offensichtlich in der Lage sind, den ausgebildeten Rogen zurückzubilden, wenn der Laichvorgang unterbrochen wird oder gänzlich ausbleiben muß.

Der Karpfenmilchner wird im dritten oder vierten, der Rogner im vierten oder fünften Jahr geschlechtsreif. Die Laichzeit fällt in die Monate Mai und Juni. Bei Kälteeinbrüchen kann sie sich auch in den Juli, selten in den August hineinziehen. Zum Laichen schwimmen die Karpfen zu seichten, warmen und mit Wasserpflanzen besetzten Stellen. Beim Laichvorgang vergessen die Fische alle Vorsicht. Das Wasser kocht und wogt durch ihr stürmisches Temperament. Der Rogner stößt mit kleinen Erholungspausen mehrere hunderttausend bis zu eine Million kleine Eier aus, die an den Wasserpflanzen kleben bleiben. Die abgelegten Eier werden vom Milchner, der während der Laichzeit einen hellkörnigen Ausschlag am Kopfbereich entwickelt, befruchtet.

Als Anhaltspunkt für die Entwicklung der befruchteten Eier können folgende Daten gelten:

Laichende Schuppenkarpfen

Wassertemperatur in Grad Celsius	16	19	23
Schlüpfzeit in Tagen	8	5	3

Die schlüpfende Karpfenbrut ist etwa fünf Millimeter lang. Erst nach zwei Tagen erlangt sie die volle Schwimmfähigkeit. Sie muß sich mehrmals an Wasserpflanzen zur Oberfläche hinaufarbeiten, um ihre Schwimmblase zu füllen, die erst nach rund zwei Wochen in ihrer zweigeteilten Form ausgebildet ist.

Wirtschaftliche Bedeutung

Die Karpfenaufzucht und -mast ist heutzutage wissenschaftlich erforscht. Weil die Methoden der Bewirtschaftung und Fütterung bis ins Kleinste errechnet und erprobt wurden, ist die Produktion eines Speisekarpfens in unserer Zeit drastisch verkürzt worden.

Im Mittelalter konnte der Fisch sein kurzes Leben noch 5 bis 6 Jahre lang genießen, ehe er auf den Tisch kam. Um 1900 war diese Frist schon auf 3 Jahre geschrumpft. Heute können unter günstigen Umständen zweijährige Karpfen auf dem Markt angeboten werden, wobei dem Wunsche des Kunden nach pfannengerechten Portionskarpfen Rechnung getragen wurde.

Die Karpfenproduktion wird meistens in Teichen betrieben. Diese eignen sich am besten für ein völliges Ablassen und können gut gepflegt werden. Wir kennen Laichteiche, Brutvorstreckteiche, Brutstreckteiche, Streckteiche, Abwachsteiche, Winterteiche und Hälterteiche. In den Teichwirtschaften werden je Hektar 500 bis 1500 kg Speisekarpfen produziert. Fast alle Karpfen, die in den Fachgeschäften angeboten werden, sind in Teichwirtschaften großgezogen worden.

Eingepackt in einem feuchten Tuch bleiben Karpfen über mehrere Stunden lebendig. Sie können also durchaus lebend transportiert und zuhause in die Badewanne gesetzt werden. Dort sehen sie ihrem traurigen Schicksal als Weihnachts- oder Sylvesterkarpfen entgegen. Es soll jedoch auch schon vorgekommen sein, daß die Hausfrau den vorwurfsvollen Karpfenblicken nicht widerstehen konnte und der feine Festtagsschmaus im neuen Jahr mit den besten Wünschen für die Zukunft wieder in ein Gewässer ausgesetzt wurde.

Krankheiten und Feinde

Als die gefährlichste Karpfenkrankheit gilt die infektiöse Bauchwassersucht. Das ist eine bakterielle Erkrankung, die ansteckend ist. Es ist in Teichwirtschaften allerdings möglich, dieser Krankheit durch Einspritzen von Antibiotika vorzubeugen.

Ein schmarotzender Saugwurm gefährdet die junge Karpfenbrut und kann die Kiemenwurmkrankheit hervorrufen. Hiergegen werden den Patienten Kochsalzbäder verschrieben, die sie von dieser Wurmplage befreien.

Außer den Krankheiten können Feinde die Reihen der Karpfen arg dezimieren. Vor allem die Brut und die Kleinfische fallen in Mengen den Raubfischen und fischfressenden Vögeln zum Opfer. Größere Raubfische, vor allem Hecht und Wels sowie der Fischotter, verschlingen schon gerne Karpfenexemplare jener Größe, die der Angler lieber in seiner Pfanne bruzzeln sähe.

Altrheinarm bei Trebur (Hessen)

Prächtiger Spiegelkarpfen

Das Gerät

Ruten

Mit der Wahl der richtigen Rute steht und fällt der anglerische Erfolg des Karpfenspezialisten. Die Rute ist das Herzstück seiner gesamten Ausrüstung, und wir wollen uns deshalb recht intensiv mit diesem Gerät beschäftigen.

Riskieren wir noch einmal einen winzigen Blick in die Vergangenheit der Rutenbaukunst. In den letzten 500 Jahren sind immer wieder Verbesserungen an unseren Angelruten vorgenommen worden. Damals wurden vor allem Hölzer wie Zeder, Esche, Hickory, Tonkin und Ahorn verarbeitet. Die eigentliche Entwicklung der Angelruten begann jedoch erst im 19. Jahrhundert. Um 1830 gab es bereits die ersten Versuche, gespließte Bambusruten herzustellen. Ein Pionier auf diesem Gebiet war der Nordamerikaner Samuel Phillippe. Bis zur Marktreife dauerte es dann noch einige Zeit. 1880 kamen die ersten „Gespließten" auf den Markt. Ungefähr zur gleichen Zeit hatten die Hardy Brothers aus Alnwick in England eine parabolische Fliegenrute hergestellt. Eine viel weichere und biegsamere Gerte als die bisher bekannten. Vielleicht einer der Vorgänger unserer Karpfenruten?

Weitere Produktionsversuche im 20. Jahrhundert mit Ruten und Rutenspitzen aus Fischbein sowie mit Stahldraht verstärkte Bambusruten verschwanden ebenso rasch von der Bildfläche, wie die Gerten aus Metall-Legierungen, die man um 1950 allenthalben sehen konnte. Die „Gespließte" war der Top-Favorit sowohl unter den professionellen Angelrutenherstellern als auch unter den begeisterten Petrijüngern.

Die erste Rute, die wirklich nur für den Karpfenfang gedacht war, hat sicherlich der bekannte Engländer Richard Walker, Mitglied einer Spezialstengruppe, die sich *the carp catchers – die Karpfenfänger* nannte, hergestellt. Bereits für den damaligen Geschmack war diese Rute jedoch zu weich. Richard Walker arbeitete besessen an der Weiterentwicklung seiner Karpfenruten. Es entstand die legendäre *Mark IV*, eine Rute mit einer Testkurve von 675 Gramm. Die Testkurve wird folgendermaßen erklärt: Hält man die Rute waagerecht in der Hand und beschwert die Rutenspitze mit genau dem Gewicht, das nötig ist, die Rutenspitze in einem Winkel von 90° zum Griffteil zur Erde zeigen zu lassen, dann hat man die ideale Testkurve für diese Rute. Das maximale Wurfgewicht für die gespließte Gerte betrug $\frac{1}{16}$ des Testkurvengewichtes, also 42 Gramm. Die *Mark IV* maß 305 cm und war für Schnüre der Stärke um 0,30 mm Ø ausgelegt. Richard Walker war der erste, der für

Korrekte Haltung beim Auswurf

jede Angel auch gleichzeitig mit dem Testkurvengewicht die Schnurreißbelastung und das mögliche Wurfgewicht errechnete. Bald wurden seine berühmten Ruten auch aus Hohlglas gefertigt.

Nun hatten eine ganze Menge Angler festgestellt, daß an größeren Seen die Freßgebiete der Karpfen oft 80 und mehr Meter weit vom Ufer entfernt lagen. Diese Weiten konnten mit den bis dahin bekannten Angelruten nicht überbrückt werden. Die Rutenhersteller und die Angler arbeiteten gemeinsam an der Entwicklung einer stärkeren, steiferen Rute. Der lange Korkgriff mit dem Schieberollenhalter wurde durch einen zweigeteilten

Duplon-Surfgriff mit einem Schraubrollenhalter ersetzt, der ein Loslösen der Rolle unter hohem Auswurfdruck verhindern sollte. Für einen weiten Wurf ist auch der Abstand der Rolle zum Leitring der Rute – er sollte nicht zu klein sein – wichtig. Als Faustregel kann gelten:

Abstand Rolle-Leitring	erzielbare Wurfweiten
100 cm	bis 60 m
140 cm	60 bis 100 m
160 cm	100 bis 150 m

Natürlich spielt hierbei auch das Volumen der Schnurspule und die verwendete Schnurstärke eine große Rolle. Aber davon später.

Eine bedeutende Veränderung auf dem Gebiet des Rutenbaues brachte die Kohlefaser, ein Produkt der Raumfahrttechnik. Kohlefaserruten sind wesentlich steifer und leichter als solche aus Glasfaser. Ein Nachteil: Kohlefaser ist ein guter elektrischer Leiter. Deshalb ist es erforderlich, Ruten aus diesem Material von elektrischen Freileitungen fernzuhalten und bei Gewitter das Angeln vorübergehend einzustellen.

Die Borfaser ist ebenfalls eine Geburt der Raumfahrtindustrie. Rutenblanks aus diesem Material sind noch steifer als die aus Kohlefaser. Allerdings sind Borfasern die schwersten aller heute gebräuchlichen Materialien für den Rutenbau. Sie eignet sich für den Bau biegeelastischer Karpfenruten unseres Erachtens kaum.

Die leichteste aller Fasern ist die Polymidfaser Kevlar. Aus ihr gefertigte Rutenteile sind hochbiegsam und schnellen rasch – z. B. beim Auswurf – in die Ursprungslage zurück.

Zumindest für den Bau hochwertiger Karpfenruten erscheinen Kohlefaser-Glas- und – vielleicht noch besser – Kohlefaser-Kevlar-Mischungen als die geeignetsten. Kohlefaser-Kevlar-Ruten besitzen – je nach Bauart – eine schnelle Parabolic- oder Spitzenaktion mit gleichzeitiger höchster Verdrehungs- und Reißfestigkeit.

Karpfen fangen kann man mit vielerlei Arten beringter Angelruten. Ich habe – selbst bei guten Freunden – die abenteuerlichsten Gerätezusammenstellungen kopfschüttelnd bewundern

Karpfenruten im Einsatz

können. Und ebenso ungläubig kopfschüttelnd habe ich dabei, zitternd vor Jagdfieber, den Setzkescher unter den Prachtkarpfen geführt. Daß die Schnur glücklicherweise erst in diesem Augenblick riß, daß der Haken erst jetzt aus dem Maul schlitzte; was spielte das alles für eine Rolle? Der Fisch war im Kescher. Und nur das zählt.

Wer sich nicht unbedingt auf sein Glück verlassen möchte, der benötigt Rutenmaterial, das speziell auf den Karpfenfang abgestimmt ist. Wir kennen verschiedene Arten von diesen Ruten, die alle auf einem ganz bestimmten Gebiet der Karpfenangelei eingesetzt werden:

Für das Angeln im *Nahbereich* von bis zu 18 Metern benötigen wir eine Rute

David beim Herrichten der Ruten

mit weicher Aktion, die sich auf die gesamte Rutenlänge verteilt (Parabolic-Aktion). Diese Geräte haben bei einer Länge von rund 3,35 m und einem empfohlenen Wurfgewicht von ca. 40 Gramm eine Testkurve von 700 bis 800 Gramm. Durch die weiche Aktion werden wirkungsvoll die Fluchten größerer Fische abgepuffert. Die Rute wird überwiegend beim Angeln mit dem schwimmenden Köder oder beim Grundfischen mit oder ohne Beschwerung benutzt.

Beim Angeln in *mittleren Entfernungen* von bis zu 60 Metern bieten sich zwei Rutenarten in den Längen von 3,35 bis 3,65 m an:

● Die Geräte mit Parabolic-Aktion haben bei einer Testkurve von etwa 900 Gramm ein ideales Wurfgewicht, das zwischen 40 und 65 Gramm liegt. Die Aktion ist zwar über die gesamte Rutenlänge verteilt, wirkt jedoch härter als die der Rute für den Nahbereich.

● Ruten mit Spitzenaktionen und Testkurven von 800 bis 900 Gramm bei Wurfgewichten um 50 Gramm haben den Vorteil des schnelleren Anschlages. Der Haken wird nachdrücklicher in das Fischmaul getrieben, und der Kontakt mit dem Schuppenträger ist sofort nach dem Anhieb hergestellt.

Die etwas längeren Ausführungen beider Ruten besitzen durch die günstigere Hebelarmwirkung einen besseren Anschlag.

Für *Entfernungen jenseits der 60-Meter-Marke* benutzen wir 3,35 bis 3,65 m lange Ruten mit extremer Spitzenaktion. Die Testkurven liegen bei einem Wurfgewicht von 60 bis 80 Gramm zwischen 1 und 1,3 Kilogramm. Fast unentbehrlich ist diese Karpfenrute in vielen Extrembereichen. Etwa dort, wo wir das weitentfernte Flußbett eines Kanales befischen wollen. Auch an sehr belebten Uferregionen ziehen sich die Fische häufig weit in die Gewässermitte zurück und machen entsprechende Würfe erforderlich.

Eine großspulige Stationärrolle und ein weiter, vom Rutenblank abstehender Leitring, an dem sich die Schnur nicht bremsend reiben kann, unterstützt zusätzlich die Weite unserer Würfe.

Die neuen Rutenblankgenerationen aus Kohlefaser-/Kevlarmaterialien erlauben jetzt auch den Bau von guten Karpfenruten, die für fast alle Entfernungen eingesetzt werden können. Sie besitzen Testkurven von rund 900 Gramm bei einem Wurfgewicht, dessen Obergrenze bei etwa 80 Gramm liegt. Die parabolische Aktion der Rute gleicht gemeinsam mit dem neuen Rutenmaterial eventuelle Fehler des Anglers beim Auswurf sowie beim Drill gefühlvoll aus. Diese modernen Ruten sind fast universell einsetzbar und bieten – sieht man einmal von den Extrembereichen ab – das Nonplusultra für den erfolgreichen Karpfenangler.

Auch bei unseren modernen Karpfenruten hängt das ideale Wurfgewicht in Gramm proportional von der Testkurve in Gramm ab. Dabei rechnet man pro 500 Gramm Testkurve mit einem Wurfgewicht von gut 30 Gramm.

Das Testkurvengewicht mit 5 multipliziert ergibt die optimale Schnurtragkraft für die betreffende Rute. Eine Karpfenrute mit einem Testkurvengewicht von beispielsweise 1200 Gramm sollte also idealerweise mit einer Schnur ausgerüstet sein, die eine Tragkraft von rund 6000 Gramm aufweist.

Die so errechneten Wurfgewichte und Schnurtragkraften sind jeweils die am besten passenden. Ohne um die Bruchfestigkeit unserer Ruten fürchten zu müssen, können diese Werte jedoch unbedenklich um rund 50 % erhöht werden, sind für die betreffenden Ruten dann allerdings nicht mehr „maßgeschneidert".

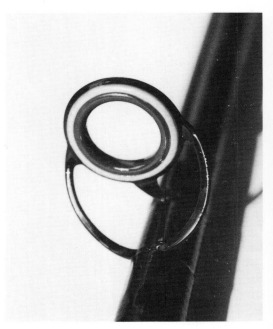

Hochwertiger Rutenring

Was verlangen wir von der *Beringung* unserer Ruten? Die Ringe müssen superleicht sein, damit die Rutenaktion nicht negativ beeinflußt wird. Die Innendurchmesser der Ringe sind so dimensioniert, daß die Angelschnur beim Wurf gradlinig durch die Ringe läuft. Hierdurch werden weite und zielgenaue Würfe erreicht. Die verschleißsicheren Ringeinlagen sollen zu einem langen Rutenleben beitragen. Durch die glatte Oberfläche und die Auswahl des Materials soll die Schnurreibung auf ein Minimum reduziert werden.

Rollen

Für den Spezialbereich der Karpfenangelei hat sich die größer dimensionierte offene Stationärrolle weitestgehend durchgesetzt. Da ein gehakter Karpfen durchaus in der Lage ist, den Schnurvorrat unserer Spule schnell zu dezimieren, entscheiden wir uns von vornherein für eine Rolle mit relativ großer Spule. Das hat noch einen weiteren Vorteil: Die Angelschnur läuft von einer derartigen Spule besser ab und ermöglicht uns weitere Würfe. Alle modernen und damit für unsere Belange geeigneten Stationärrollen haben ihre Bremse am hinteren Gehäuseteil. Diese Heckbremsen sind beim Drill leichter zu handhaben, und die Hände des Anglers – die womöglich noch unglückseligerweise eine brennende Zigarette halten – kommen kaum mit der Schnur in Berührung.

Neben diesen bereits erwähnten Feinheiten sind die nachfolgend aufgeführten Positionen beim Rollenkauf von uns zu beachten:

● Für schnellen Spulenwechsel eignen sich Druckknopfspulen am besten.

● Die Kurbel sollte für Rechts- und Linkshandbetrieb umsteckbar sein.

● Der Kurbelarm müßte für Transportzwecke an das Kurbelgehäuse anklappbar sein.

● Der Bügel soll auch manuell umklappbar sein.

● Große Bremsscheiben gewährleisten ein gefühlvolles Einstellen, damit ein ruckfreies Abziehen der Schnur sowie feinste Nachregulierbarkeit.

Man erreicht die weitesten und weichesten Würfe, wenn die Spule randvoll mit Schnur bestückt ist. Für das Karpfenfischen wählen wir Rollen mit einem Übersetzungsverhältnis von etwa 1:4 bis 1:4,8, das heißt: Bei einer Kurbelumdrehung wickelt sich die Schnur viermal bzw. fast fünfmal um den Spulenkern.

Neuerdings verarbeiten Rollenhersteller zur Gewichtsersparnis Kohlefasermischungen. Hierdurch wird gegenüber konventionellen Rollentypen etwa 25 % Gewichtseinsparung erreicht.

Damit wir gegen eventuelle Pannen jederzeit gerüstet sind und den so hoffnungsfroh begonnenen Angeltag nicht abrupt abbrechen müssen, ist das Mitführen einer Zweitrolle als Ersatz nie verkehrt. Haben wir außerdem noch eine schnurgefüllte Zweitspule eingepackt, die auch tatsächlich auf unsere Rolle paßt, dann steht einem erfolgreichen Angeltage – sollten die Schuppenträger mitspielen – eigentlich nichts mehr im Wege.

Schnüre

An einem warmen Sommerabend im Jahre 2600 vor Beginn der neuen Zeitrechnung – so erzählt eine alte Geschichte –, badete Si-Ling-Chi, die junge Kaiserin von China, in einem Fluß. Spielerisch ergriff sie einen treibenden Maulbeerzweig. Als sie diesen aus dem Wasser nahm, bemerkte sie den goldschimmernden, dünnen Faden, der an ihm herunterhing. Nun sah sie an dem Maulbeerbaum empor und erblickte die vielen hundert feinen Fäden an seinen Zweigen. Ihre Dienstmädchen legten die neuentdeckten Kostbarkeiten in das Bad der Kaiserin. Im Wasser wurden die feinen Fäden ganz weich und geschmeidig. Si-Ling-Chi soll auf die Idee gekommen sein, die Fäden auf Rollen zu spannen und verweben zu lassen. Von nun an erhielt sie den Beinamen *Göttin des Seidenwurms*, denn dieses Tier produziert die Fäden. Niemand wäre damals auf den Gedanken gekommen, daß Jahrhunderte später die Produkte der Seidenwürmer industriell verarbeitet und Seidenfasern unseren Vorfahren einmal als Angelschnüre dienen würden.

Die Angelschnur ist jenes Angelzubehörteil, an dem sich so oft Hoffnung und Realität mit einem fröhlichen Knall voneinander trennen. Fassungslos starrt dann der verhinderte Meisterangler auf die schlaffe Schnur. „Hätte ich doch nur vorher die alte und angerauhte Angelsehne gegen neue ausgewechselt!" knirscht er mit hängenden Schultern hervor. Ihm wird dieser Vorfall sicher eine Lehre für die Zukunft sein.
Monofile Angelschnüre werden seit langem ausschließlich auf Nylon-/Perlonbasis hergestellt. Der Karpfenspezialist stellt hohe Ansprüche an sie und verlangt von ihr folgende Eigenschaften:

● hohe Naßknotenfestigkeit
Viele Hersteller geben in ihren Prospekten und Katalogen gern die (höhere) Trockenfestigkeit an. Das nutzt dem Angler nichts. Für ihn ist allein die Schnurfestigkeit bei realer Anwendung interessant. Hohe Naßknotenfestigkeit ist nur über hohe Dehnungsfähigkeit der Angelschnur zu erreichen, das heißt, die Schnur ist häufig zu weich. Der Anhieb sitzt dann schlecht oder überhaupt nicht, weil viel Anschlagenergie von der Schnur aufgenommen wird.

● hohe Abriebfestigkeit
Diese wichtige – von Schnurproduzenten oft straflässig vernachlässigte Eigenschaft – ist für den Karpfenangler von großer Bedeutung. Eine Angelschnur muß auch schon mal beim Drill klaglos über Fels- und Steinkanten gezogen werden können, ohne gleich ihren Geist – Schnurbruch durch zu hohen Abrieb – aufzugeben.

● Tarnfärbung
Fluorezierende Angelsehne, die über Wasser gut und unter Wasser überhaupt nicht zu sehen sein soll, wird alle Jahre wieder als „der neue Schrei" und als absolut unschlagbar fängig in den verschiedenen Katalogen angeboten. Wir indessen haben bessere Erfahrungen mit sandfarbenen bis bräunlich eingefärbten Angelschnüren sammeln können. Diese Einfärbungen nämlich passen sich unseres Erachtens am besten den verschiedenen Wasser- und Gewässerbodenbeschaffenheiten an.

● konstante Kalibrierung
Die Angelschnur muß auf ihrer gesamten Länge einen exakt gleichblei-

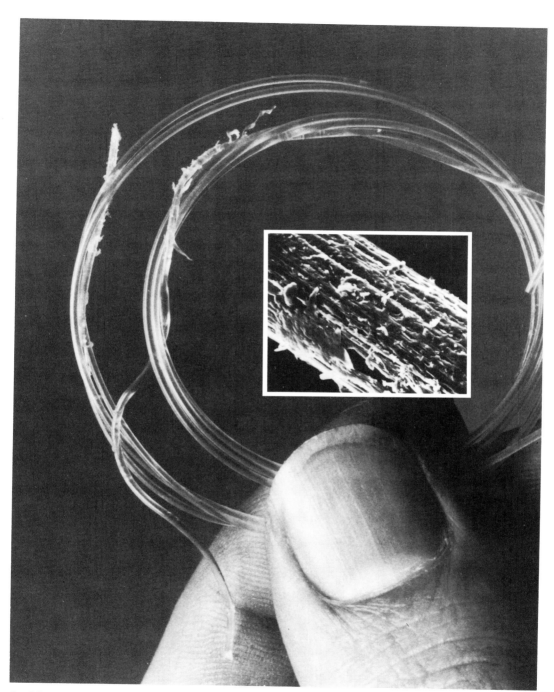

Stark beanspruchte Angelschnur

benden Durchmesser aufweisen. Hierdurch können zusätzliche und von uns kaum beeinflußbare Schwachstellen ausgeschaltet werden.

● Weichheit, Geschmeidigkeit, Gleitfähigkeit

Um weite und präzise Würfe erzielen zu können, soll die Schnur weich und geschmeidig von der Rolle laufen. Als Vorfach oder „Haar" (siehe Kapitel „Angeltechniken") benutzt, ist weiche Schnur für den Fisch auch unverdächtiger, da sie sich besser den Gewässerströmungen anpaßt und somit den Köder natürlicher anzubieten hilft.

● geringe Dehnbarkeit

Nicht viele Hersteller beherrschen die Kunst, Weichheit und Geschmeidigkeit einer Angelschnur mit einer möglichst geringen Dehnbarkeit, die auch über größere Entfernungen einen sicheren Anschlag zuläßt, zu kombinieren. Zu steife Schnüre sind wiederum ungenügend dehnungsfähig. Man kann in der Regel von folgender Formel ausgehen:

hohe Tragkraft + geringe Dehnung = steife, spröde Schnur

geringere Tragkraft + gute Dehnbarkeit = weiche, geschmeidige Schnur

Ungeeignet erscheinen uns solche Schnüre, die nur *eine* der vorgenannten guten Eigenschaften stark hervorheben. Die anderen werden dabei oft vernachlässigt. Der versierte Karpfenangler wird stets nach einer für seine Angelart geeigneten Kompromißlösung suchen.

Wünschenswerte Naßknotenfestigkeit von Angelschnüren:

Durchmesser in mm	Naßknotenfestigkeit in kg	
0,06	0,3	üblich für
0,08	0,5	Haarmethode
0,10	0,7	
0,12	1,1	
0,14	1,4	
0,16	2,0	
0,18	2,6	
0,20	3,0	
0,22	3,4	
0,25	4,3	am meisten
0,30	6,0	verwendete
0,35	8,3	Schnur des
0,40	11,0	Karpfenanglers
0,45	13,5	
0,50	16,4	
0,60	21,0	

Schnüre, die wir eine Saison lang beansprucht haben, weisen Ermüdungserscheinungen und Abrieb auf. Derart geschwächte Angelschnüre gehören nicht mehr auf unsere Rollen. Nur durch kompromißlosen Austausch haben wir einigermaßen Sicherheit vor dem sonst vielleicht fälligen Schnurbruch, Material- und Fischverlust am nächsten Angeltag. Eines ist klar: Wenn erst einmal der kapitale Karpfen unsere Schnur zum Singen bringt, dann ist es meist zu spät, uns über die alte und morsche Schnur Gedanken zu machen.

Dacron (carp line)

Dacron ist eine aus feinsten Schnüren geflochtene Angelschnur. Für die Karpfenangelei wird sie ausnahmslos in schwarzer Farbe gewählt. Diese weiche Nylonschnur ist ideal als Vorfach und für die Haarmethode (siehe unter „Methoden") einsetzbar. Im Gegensatz zu einer normalen monofilen Angelschnur erhält Dacron auch in kaltem Wasser seine ausgezeichnete Weichheit und Geschmeidigkeit.

Carp-Line

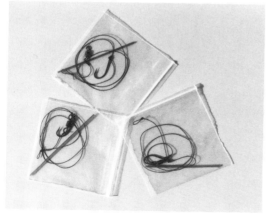

Fertige Karpfenvorfächer mit Haken, Haar und Plastikstäbchen zum Köderhalten werden am Markt angeboten.

Die Nachteile dieser Angelsehne sollen nicht verschwiegen werden: Der Einfluß ultravioletten Lichtes (Sonneneinstrahlung) mindert stark die Tragkraft. Deshalb ist es unbedingt ratsam, nach jedem Angeln das Vorfach auszuwechseln. Grundsätzlich sollte Dacronschnur in einem dunklen Raum (Behälter) gelagert werden. Dasselbe gilt – allerdings in etwas abgeschwächter Form – auch für monofile Schnur, die wegen ihres stärkeren Durchmessers nicht ganz so anfällig sein dürfte.

Unbrauchbar gewordene, achtlos fortgeworfene Schnurbündel verrotten nicht und bilden eine schreckliche Falle für allerlei Wasservögel und anderes Getier, das sich durch unsere Unachtsamkeit und Gleichgültigkeit in diesen Schlingen qualvoll zu Tode quälen kann. Wir verbrennen deshalb unsere Schnurabfälle sorgfältig oder schneiden sie in kleine Stücke, die wir vergraben. Unser Gewissen wird uns für diese kleine Aufmerksamkeit entlohnen.

Bißanzeiger

Auf einen geeigneten Bißanzeiger vermag der Karpfenangler nur in ganz wenigen Ausnahmefällen – denken wir an das Sichtangeln in klaren und flachen Gewässern oder an uferbereichsnahes Fischen mit dem Schwimmbrot – zu verzichten. Fast immer ist es der Bißanzeiger, der dem Angler visuelle oder akustische Signale gibt und ihn informiert: „Da unten tut sich was – schlag an!"

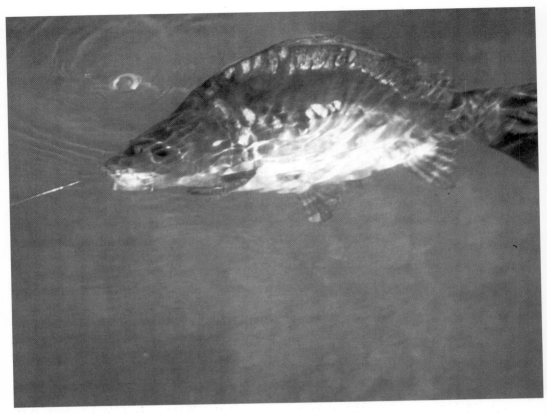

gehakter Spiegelkarpfen

David mit gutem Spiegelkarpfen

Angeln mit dem Schwimmer

Der ganz sicher bei allen Anglern am meisten verwendete und auch beliebteste visuelle Bißanzeiger ist ohne Zweifel der Schwimmer. Wir alle kennen die Sorte von Anglern, die der Maxime huldigen: „Bitte irritiert mich nicht mit Tatsachen; ich habe meine feste Meinung." Das ist zum Beispiel der Teil der Petrijünger, die meinen, ein Angler ohne Schwimmer ist nur ein halber Angler. Aber auch der Teil, der meint, immer ohne Pose auskommen zu können und nur und in jedem Fall auf das Grundblei schwört. Wir wollen offen für vielerlei Informationen sein. Verschiedene Angelmethoden basieren auf den Erkenntnissen jahrelanger Erprobungen und Erfahrungen. Und so kann es auch beim Karpfenangeln durchaus vollkommen in Ordnung sein, den Schwimmer einzusetzen. Meist jedoch nur in näherer Entfernung zum Ufer. Hier kann man jede Bewegung des Schwimmers ganz genau beobachten. Und das ist es ja gerade, was seinen Reiz ausmacht.

Erwartungsvoll wird er von jedem Angelenthusiasten im Auge behalten. Vorwurfsvolle Verzweiflung macht sich in uns breit, steht er einen langen Angeltag über ruhig im Wasser, ohne sich auch nur ein einziges Mal zu bewegen. Der Schwimmer, die Pose oder das Floß – meist aus Balsaholz oder Schaumstoff gefertigt – ist eines der Lieblingsutensilien der Angler. Auch der Karpfenspezialist gibt das verschämt zu. Ich kenne nicht wenige, die im Besitz von einigen hun-

Pose am Schilfrand

dert Schwimmern sind. Woche für Woche finden sie sich immer wieder beim Angelgerätehändler ein, Ausschau haltend nach dem absoluten Superkarpfenschwimmer. Und wenn wir ehrlich sind, dann können wir unumwunden eingestehen, daß wir auch zu diesem Kreis gehören und wir uns nicht immer der Faszination der bunten Verführer entziehen können. Noch faszinierender ist es aber, den Schwimmer abtauchen zu sehen, weil ein Riesenbrocken von Karpfen unseren Köder genommen hat.

Die Aufgabe des Schwimmers ist es, den Köder in einer bestimmten Wassertiefe anzubieten. In einer Tiefe – beim Karpfen meist der Gewässergrund –, in der die Fischbeute vermutet wird.

Die gute Sichtigkeit der Pose ist für ein genaues Beobachten unentbehrlich. Viele Angler malen deshalb die Schwimmerantennen mit besonders sichtbaren fluorezierenden Farben an. Bevorzugt und auch auf weitere Entfernungen gut zu erkennen sind die Farben rot, gelb, grün und orange oder Kombinationen davon. Trägt man vorher einen weißen Grundanstrich auf die Antenne auf, so leuchten dann die danach aufgemalten Farben viel intensiver. Angeln wir im Gegenlichteinfluß, haben sich schwarze Antennen gut bewährt.

Es gibt eine Menge Angler, die Schwimmer mit austauschbaren Antennen in allen möglichen Färbungen vorziehen. Sie können sich somit auf die unterschiedlichsten Veränderungen der Lichtverhältnisse einrichten. Bei vielen Schwimmern kann man die normale Wechselantenne gegen ein Knicklicht austausche und besitzt somit einen guten, intensiv leuchtenden Bißanzeiger für die Nacht.

Die Pose sollte eine stabile Schnurbefestigung aufweisen. Sie darf beim Auswurf oder beim Drill nicht auf der Hauptschnur verrutschen und somit die Angeltiefe verstellen. Die Schnurbefestigungsringe – meist aus Plastikoder Gummimaterial hergestellt – dürfen die Angelschnur nicht quetschen und damit zu Schwachstellen im Geschirr führen. Als besonders rutschfest und schnurschonend haben sich Silikonschläuche erwiesen.

In tieferen Gewässern kommen wir häufig mit einer normalen festgestellten Pose nicht mehr aus. *Gleitschwimmer* nennt man die Posen, die nicht auf der Hauptschnur festgeklemmt werden, sondern Ösen oder Längsbohrungen besitzen, so daß sie auf der Angelschnur entlanggleiten können, bis ihnen ein Stopper Einhalt gebietet. Gleitschwimmer werden vor allem dort eingesetzt, wo die Wassertiefe die Rutenlänge übersteigt und präzise Auswürfe mit dem Feststellschwimmer nicht mehr möglich macht.

Bei warmem Wetter sonnen sich die Karpfen oft sehr dicht an der Oberfläche. Dabei ragen vielfach die Rückenflossen oder die Oberteile des Rückens selbst zeitweilig aus dem Wasser. Dann können wir sie manchmal mit schwimmenden Ködern zum Fressen überreden. Die transparente *Wasserkugel* dient uns als unauffälliger Posenersatz. Da bei der Verwendung der Wasserkugel mit keinerlei Bleigewichten gearbeitet wird, kann man nach vorsichtigem Auswurf das Schwimmbrot oder andere schwimmende Köder relativ unverdächtig an langem Vorfach anbieten.

Sehr bewährt hat sich für empfindliche Posen wie Waggler oder Liftschwimmer ein Posenbehälter, der aus dem unteren Teil einer ausgedienten Angelrute hergestellt worden ist.

Angeln ohne Schwimmer

Beim Angeln ohne Schwimmer wird das Posenblei meist durch irgendeine Art von Grundblei ersetzt. Manchmal verzichtete man jedoch sogar auf diese Beschwerung, wenn das Ködergewicht genügend Eigenschwere aufweist (z. B. Kartoffel). Das Abziehen der Angelschnur beim Biß muß uns in einer geeigneten Form signalisiert werden. Dies kann durch vielerlei ganz simpler bis technisch ausgereifter und aufwendiger Systeme erfolgen.

Wir alle haben schon mit *Verlegenheitsbißanzeigern* wie Silberpapier, ein Stück Teig oder Styropor, das auf die Schnur zwischen Rolle und erstem Ring geklemmt wurde, unsere Erfahrungen gemacht. Ganz genau so funktionieren die im Fachhandel erhältlichen einfachen Bißanzeiger, die an der gleichen Stelle auf die Schnur geklemmt werden. Auch die an der Rutenspitze zu befestigenden Glöckchen sind uns geläufig.

Für die gezielte Pirsch auf den Karpfen erscheinen diese Praktiken jedoch nicht zurechtgeschnitten. Wir benötigen bessere, genauere und zuverlässigere Bißanzeiger.

Ein raffiniert einfacher mechanischer Bißanzeiger ist die „Affenkletter". Das ist ein dünner Metallstab, der zwischen Rolle und erstem Rutenring in den Boden gesteckt wird. Auf diesem Stab läuft ein kleines Kunststoffröhrchen. Hier wird die Angelschnur eingehängt. Bei einem Biß klettert das Röhrchen einem Äffchen gleich den Stab empor (Laufbleimontage). Kommt der Fisch mit dem Köder bei der Festbleimontage auf den Angler zu, zieht also keine Schnur ab, wandert es nach unten. Bei Bedarf kann das Röhrchen auch ein Knicklicht aufnehmen und dann für das Nachtangeln gut eingesetzt werden. Beim An-

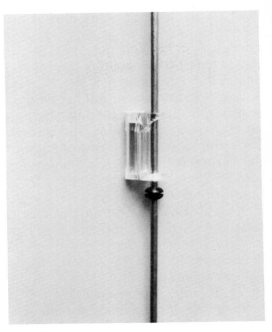

Affenkletter

Affenklettern im Einsatz

Winkelgummi

schlag fliegt das Röhrchen nicht etwa auf Nimmerwiedersehen fort. Es gibt die Schnur frei und bleibt mit dem unteren Ende am Metallstab hängen. Bei starkem Wind kann die Affenkletter zur Stabilisierung mit Bleischrot gefüllt werden.

Auch die „Schwingspitze", ein stabförmiger Bißanzeiger, der mittels eines flexiblen (Stillwasser) oder Winkelgummis (Fließwasser) mit der Rutenspitze verbunden ist, eignet sich vorzüglich für die Angelei auf weitere Entfernungen. Auch hier werden umgebaute Karpfenruten, die mit einem Schwingspitzenendring ausgestattet werden, eingesetzt. Dieser Spezialendring nimmt das Gewinde mit dem Gummi, der die Verbindung Rute −Schwingspitze herstellt, auf. Werden stärkere Schnüre benutzt (> 0,20 mm $\emptyset$), so ist es empfehlenswert, eine schwerere Vollglas- oder Metallspitze zu verwenden.

Der Einsatz der Zitterspitze – praktisch eine sensible Verlängerung der eigentlichen Rutenspitze, die den Biß zitternd ausschlagend anzeigen soll –

hat sich für die Karpfenangelei nur bedingt durchgesetzt.

Elektronische Bißanzeiger

a) Antennentyp

Dieser Bißanzeiger ist ein ausgereiftes elektronisches Gerät mit Rutenauflage. Um eine Antenne am Bißanzeiger wird die Schnur herumgeführt. Bei einem Schnurabzug (Biß) bewegt sich die Antenne und schließt einen Stromkreis. Es entsteht ein optisches und akustisches Signal. Dieser Bißanzeiger ist sowohl im Still- als auch im leichten Fließwasser einzusetzen.

Elektronischer Bißanzeiger: Antennentyp

Elektronischer Bißanzeiger: Laufröllchentyp

Ruten-Dreierformation auf modernsten, elektronischen Bißanzeigern

Gute Idee: Rolle mit eingebautem elektronischem Bißanzeiger (akustisch und optisch)

◀ *Neuerdings werden auch elektronische „Affenklettern" auf dem Markt angeboten*

b) Laufröllchentyp

Hier handelt es sich um einen sehr sensiblen elektronischen Bißanzeiger mit Rutenauflage, der vorwiegend zum Karpfenangeln im Stillwasser benutzt wird. Statt über die Antenne wird bei diesem Gerät die Schnur über ein Laufröllchen geführt. Bei einer Bewegung des Röllchens (Schnurabzug, Biß) wird eine Lichtschranke unterbrochen. Dadurch ertönt ein anhaltender Signalton.

Beide genannten elektronischen Anlagen werden üblicherweise durch eine 9-Volt-Batterie gespeist.
Der Hinweis: „Bei Ihnen piept's!" löst also beim Karpfenspezialisten – im Gegensatz zu anderen Zeitgenossen – meistens eine freudige Erregung aus.

Arlesy-Bleie

Bleie

Bleie dienen zum einen zur Austarierung des Schwimmers, zum anderen dazu, den Köder in einer ganz bestimmten Gewässertiefe anzubieten. Das kann bei der Posenbebleiung variabel jede gewünschte Gewässertiefe, bei der Grundbebleiung immer nur der Gewässergrund sein. Als Posenbebleiung kennen wir Bleioliven, Bleischrot, Torpillos, Schlitzbleie, Wickelbleie u. a.; die Grundbleie sind meist oliven- bis tropfenförmig, oft mit einem Wirbel versehen. Der Karpfenangler zieht in der Regel Arlesy-Bleie vor.

Boilie-Sack (Boilie Bag)

Dieser dickwattierte, kleine Sack mit Reißverschluß ist auf der Innenseite mit einem Isoliermantel ausgestattet. Der abwaschbare Innensack ist herausnehmbar. Ist die Außentemperatur sehr hoch, und wir beabsichtigen, mehrere Tage lang Angeln zu fahren, dann kommt es schon vor, daß wir mit dem Frischhalten unserer Boilies oder anderer Köder Probleme bekommen. Dies sollte nun mit dem Boilie-Sack der Vergangenheit angehören. Mit einem Kühlelement zwischen Außen- und Innensack bleiben unsere Boilies tagelang frisch. Es versteht sich von selbst, daß wir das Kühlelement gegebenenfalls von Zeit zu Zeit wechseln sollten.

Futterkorb

Auch in Deutschland soll es Gegenden geben, in denen sich äußerst attraktive Damen nur mit Kopftüchern über den strubbeligen Haaren an die Öffentlichkeit wagen. Die Herren Gatten sitzen indessen quietschvergnügt am Angelwasser und zweckentfremden die Lockenwickler der Angetrauten als Futterkörbe. Das geht prima. Vereinzelt erwerben Angler aber auch diese Utensilien im Fachgeschäft. Entweder haben deren Ehefrauen die Lockenwickler ihrem Zu-

Futterkorb und Lockenwickler

griff entzogen oder diese Petrijünger möchten nach einem anstrengenden Angeltag eine rundum hübsche Frau vorfinden. Tatsache ist, daß der Futterkorb Maden oder andere Köder aufnimmt, die am Gewässergrund dem Gerät entweichen und so die Fische anlocken. Denn das Anfüttern auf weite Entfernungen ist nicht ganz einfach. Und das zielgenaue Werfen von Futterballen möglichst punktgenau auf einen Platz, der unter Umständen 50 und mehr Meter vom Ufer entfernt liegt, ist mit der Hand kaum möglich. Da tut ein Futterkorb gute Dienste. Er wird – oft statt Bleibeschwerung – wie eine Seitenbleimontage an der Hauptschnur befestigt. Beim Auswurf peilt man am besten eine markante Stelle am gegenüberliegenden Ufer an. Die richtige Entfernung kann man mittels eines verschiebbaren kleinen Stopperknotens (farbig!) oder einer Filzstiftmarkierung auf der Hauptschnur angeben. So kann man auch eine weiter entfernt liegende Angelstelle relativ genau anfüttern.

Haken

Der Haken ist wohl das Stück unserer Angelausrüstung, das den ältesten Ursprung hat. Unsere Ahnen benutzten früher statt des Hakens einen beiderseitig zugespitzten Knebel (Wolfsangel). Aber bereits in der jüngeren Steinzeit finden wir Knochenhaken, die den heutigen von der Form her ähneln.

Warten auf den ersten Biß

Angeltage beginnen zuweilen mit jener Häufung von Zufällen und kleinen Pannen, an denen der angehende Karpfenspezialist oft selbst Schuld trägt und die ihn um den Erfolg seiner Bemühungen bringen. Erst nach einigen Fehlbissen kommt er auf die Idee, sich den Haken einmal genauer anzuschauen. Das hätte er früher machen sollen. Denn verblüfft stellt er fest, daß die Hakenspitze gar nicht mehr vorhanden ist. Und abgebrochene oder zu stumpfe Spitzen können nun einmal den Fisch nicht sicher halten. Dem Haken mißt der Karpfenangler völlig zu recht eine große Bedeutung bei. Denn der Haken ist es, der beim Drill den direkten Kontakt zum Fisch ausübt.

Aus dem täglichen Umgang mit Schuh-, Kleider- oder Anzuggrößen gehen wir üblicherweise davon aus, daß die kleinste Größe die niedrigste Nummer trägt. Beim Angelhakenkauf müssen wir etwas umdenken. Je kleiner der Haken, desto höher die Größenbezeichnung. Erst in den „Übergrößen" zählen wir wieder normal. Das heißt, der Haken Nr. 8 ist kleiner als der Haken Nr. 4, der Haken Nr. 2/0 ist größer als der Haken Nr. 1/0.
Haken sind dazu da, in das Fischmaul einzudringen. Mit boshafter Regelmäßigkeit sitzen sie allerdings auch nicht selten im Anglerfinger, der Handfläche oder einem anderen Körperteil. Es gibt kaum einen gestande-

Karpfenhaken

mit den bekannten englischen Carbonhaken in schwarzer Ausführung. Der wird garantiert von keinem Karpfen – mag er auch noch so kapital sein – abgebrochen oder aufgebogen. Die Hakengröße wird am besten dem Köder angepaßt. Fischen wir zum Beispiel mit Boilies von 8 Millimeter Durchmesser, dann ist ein Haken der Größe 6 wohl angebracht, wogegen wir bei einem Boiliedurchmesser von 18 Millimetern besser zur Größe 2 oder 4 greifen sollten.

nen Angler, der nicht schon unfreiwillige Bekanntschaft mit den nadelspitzen Haken gemacht hat.
Karpfenspezialisten ziehen relativ langschenklige Rundstahlhaken mit Ör allen anderen vor. Denn auf Qualität sollten wir hier auf alle Fälle achten. Auf „Nummer sicher" gehen wir

Karpfensack

Hierzulande wird in jüngster Zeit immer häufiger vom „fair Fischen" gesprochen. Was das heißt, machen uns die Engländer in punkto Karpfenhäl-

Sonnentrocken: Unterfangkescher und Karpfensäcke

terung vor. Sie benutzen keine herkömmlichen Setzkescher, sondern übergroße schwarze Säcke aus einem weichen und glatten Kunststoffmaterial, welches die Schleimhäute der großen Fische nicht beschädigt, wenn der Sack vor dem Einlegen des Fisches naß gemacht wird. In diesem Karpfensack kann sich darüber hinaus die scharfkantige Strahlenflosse des Karpfens nicht verhaken. Immer nur ein einzelnes Exemplar wird in je einem Karpfensack gehältert, der durch extragroße Löcher eine gute Wasserzirkulation gewährleistet. Wird der Sack mit einer längeren Schnur am Ufer befestigt, kann der Karpfen ungehindert in ihm schwimmen. Wenn die englischen Sportfreunde beim Nachtfischen einen kapitalen Karpfen überlisten, dann hältern sie ihn oft bis zum Morgen in einem solchen Sack. Wir sollten die Fische jedoch nie länger als nötig im Karpfensack belassen. Bei Hälterungen von mehr als vier Stunden verliert der Karpfen bereits an Gewicht. Nach dem Verwiegen, Fotografieren und der Kontrolle seines Gesundheitszustandes wird der Schuppenträger überwiegend und bei bester Gesundheit zurückgesetzt. Ein Verhalten, das auch in Deutschland Schule machen sollte.

Ködernadel

Dieses Spezialwerkzeug sollte mit zur Standardausrüstung des Karpfenanglers zählen. Mit Hilfe der Ködernadel gelingt es uns, verschiedene weichere Köder (Kartoffel, Mais, Bohnen, Erbsen etc.) ohne diese zu verletzen auf das Vorfach und den Haken zu ziehen.

Leger-Stop (auch: Ledger-Stop)

Ein Leger-Stop ist nichts anderes als ein raffiniert einfacher, gut funktionierender und schnurschonender Schnurstopper. Die meisten Angler verwenden einen Stopperknoten mit vorgeschalteter Perle, Gummistopper oder ein auf die Hauptschnur geklemmtes Bleischrot, wobei gerade

Leger-Stops

bei der Benutzung des Bleischrotes Schnurbeschädigungen nicht ausgeschlossen werden können. Langsam aber stetig setzt sich – nicht nur unter den Karpfenspezialisten – beim Fischen in Verbindung mit Arlesy- oder anderen Bleien – der Leger-Stop durch: Ein kleines Plastikröhrchen wird auf die Schnur geschoben und mit einem winzigen Kunststoffkeil an jeder beliebigen Stelle der Schnur fixiert. Dabei sollte der Keil immer auf der anderen Seite in das Röhrchen hineingesteckt werden als dort, wo das Blei auf den Stopper trifft. Sonst besteht die Gefahr, daß der Leger-Stop verrutscht.

Unterfangkescher

Um unsere hoffentlich kapitalen Karpfen immer sicher landen zu können, vermögen wir auf einen großvolumigen Spezialkescher nicht zu verzichten. Seine Größe ist so bemessen,

daß wir mit ihm auch „den Fisch unseres Lebens" sicher landen können.
Das Material des Unterfangkeschers besteht wie beim gebräuchlichen Setzkescher aus unverrottbarem textilem Gewebe.

Sonstige Utensilien

Angelschirm-Erdspießbohrer

Wir alle haben es schon erlebt, daß wir uns vergebens abmühten, den Erdspieß unseres Angelschirmes in den Boden zu bringen. Hier hilft uns ein Spezialerdspieß aus massivem Alu-

Auf keinen Fall zu groß für Kapitale

Angelschirm-Erdspießbohrer

minium, der am unteren Ende mit einem großdimensionierten Gewinde versehen ist. Unter Zuhilfenahme eines kleinen Metalldurchsteckers wird dieser Spieß auch in hartem und festgefrorenem Erdboden sicher eingeschraubt. Nach dem Entfernen des Durchsteckers kann der Angelschirm auf diesen Erdspieß aufgeschoben werden.

Anglermesser

Das Anglermesser mit großer, kräftiger und rostfreier Klinge soll robust und handlich sein, denn es muß auf unseren Angeltouren so einiges aus-

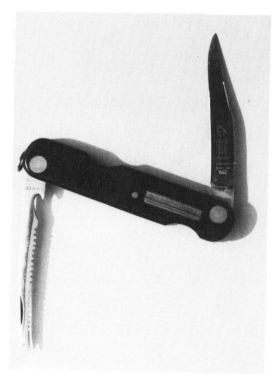

Anglermesser

halten. Eine Vielzahl der Angler legt Wert auf Universalmesser, die auch Fischschupper, Schere, Feile, Hakenlöser und desgleichen aufweisen. Es soll sogar einige Fischer geben, für die ein Anglermesser untauglich ist, wenn es nicht über einen soliden Flaschenöffner verfügt.

Anglerschirm

Der Anglerschirm ist uns – gerade beim langen Ansitzen auf den Karpfen – ein treuer Begleiter. Er wird uns direkt ans Herz wachsen, nachdem wir ihn zunächst einige Male vergessen haben und völlig durchnäßt unseren Angeltag abbrechen mußten. Der Schirmdurchmesser sollte mindestens 2,30 Meter, besser 2,50 Meter, betragen. Wir achten darauf, daß unser Schirm abknickbar und in der Höhe variabel einstellbar ist. Der Erdspieß muß mit einer Metallspitze versehen sein.
Ganz besonders wirksam wird unser Anglerschirm, wenn wir über das Schirmdach eine Plane legen, die aus ihm ein rundum geschütztes Schirmzelt macht. Nicht nur bei Wind und Wetter, sondern auch beim Nachtangeln eine feine Sache.

Anglerzange

Dieses Gerät ist aus einer guten Anglerausrüstung kaum noch wegzudenken. Eine kombinierte Anglerzange ist ein ausgesprochenes Vielzweckgerät. Sie löst zum Beispiel Bleischrote von der Hauptschnur, hat Flach- und Schneidezangenfunktion und besitzt

Anglercamp mit Schirmzelten

einen Fischschupper sowie den unvermeidbaren Flaschenöffner.

Das Gerät kommt häufig mit Wasser in Berührung und muß deshalb aus bestem, rostfreiem Material bestehen. Dieser Begleiter des Anglers dankt für einige Tropfen Öl auf das Zangengelenk mit jahrelanger Zuverlässigkeit.

Erdspieß und -auflage

Billige Erdspieße und deren Auflagen sind ausschließlich dazu da, den Angler zu ärgern. Weil sie sich nämlich leicht verbiegen, abbrechen oder sonstwie ihre Funktion nur unvollständig erfüllen. Für Edelstahl-Erdspieße gibt man zwar ziemlich viel Geld aus, dafür spart man einiges an

Erdspieß mit Auflagevorrichtungen (oben)
Rutenauflagen (unten)

56

Nervenkraft. Sie sind praktisch eine „Anschaffung für's Leben" und werden deshalb von uns favorisiert.

Futterwanne

Zum Transportieren und Zubereiten des Futters werden Wannen oder andere Behältnisse benötigt.

Gut bewährt haben sich auch wasserfeste Falteimer, die platzsparend im Kofferraum unseres Autos mitgeführt werden können und ihren Zweck gut erfüllen.

Haar-Nadel

Für die Spezialmontage von Angelködern nach der Haarmethode leistet uns eine für diese Zwecke konstru-

Haar-Nadel

ierte Nadel wertvolle Dienste. Auch Hartköder können von ihr ohne zu zerspringen durchbohrt werden. Besonders die passionierten Nachtangler werden es zu schätzen wissen, daß in den Nadelgriff ein Knicklicht eingeschoben werden kann.

Hakenlöser, Lösescheren

Zugegeben, normalerweise sollten wir diese Geräte nicht nötig haben,

denn der Haken sitzt in der Regel vorn im Karpfenmaul. Dort ist der Störenfried unproblematisch zu entfernen. Bei einem festsitzenden Haken sollten wir diese Geräte aber stets zur Hand haben. Das gehört einfach zum fairen Umgang mit der Kreatur, von der in Anglerkreisen so oft geredet wird; aber nicht immer handeln wir leider danach.

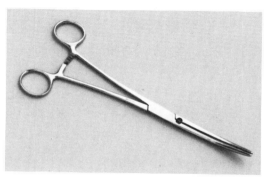

Arterienklemme

Anstatt des Hakenlösers oder der Löseschere können wir auch gut eine Arterienklemme benutzen. Sie ist durch einfaches Zusammendrücken der Griffe einfach an der Anglerkleidung zu befestigen und dadurch bei Bedarf auch immer gleich zur Hand.

Knicklicht

Knicklichter sind kleine, stabförmige Hohlplastikstäbe, die mit einer Flüssigkeit gefüllt sind. In dieser Flüssigkeit schwimmt ein mit einer anderen Flüssigkeit gefüllter Hohlglaskörper. Wird der Plastikstab stark gebogen, platzt der Hohlglaskörper und gibt die Flüssigkeit frei. Beide Flüssigkeiten zusammen reagieren chemisch mit einem intensiven Leuchten, das über mehrere Stunden anhält.

Knicklichter dienen in erster Linie als Posenantennen für das Nachtangeln. Sie können auch für viele andere Dinge eingesetzt werden (Einschieben in Affenkletter, Markieren von Rutenspitzen oder Geräten etc.).

Ledger Beads

Wird die Angelschnur direkt durch die Öse eines Metallwirbels geführt, so entsteht an dieser Stelle beim Auswurf, Anhieb und Drill eine besonders hohe Belastung. Die wird auf ein größeres Schnurstück verteilt, wenn wir statt des dünnen Metalles ein Ledger Bead aus Plastik verwenden, das eine wesentlich stärkere Wandung besitzt.

Ledger-Bead

Einen Nachteil hat das Ledger Bead freilich auch: Nach längerem Gebrauch kann die Angelschnur das Plastikstück regelrecht zerschneiden. Den Verlust des billigen Teilchens einschließlich des Bleies können wir jedoch sicherlich leichter verschmerzen als den eines kapitalen Fisches.

Lotblei

Das Lotblei dient neben dem Ausloten der Wassertiefe zum Erkennen von Gewässerunebenheiten (Erhebungen, Vertiefungen, Mulden, Kanten etc.). Es ist ein kleines, meist zuckerhutförmiges Bleigewicht von 2 bis etwa 25 Gramm Gewicht. Die Standardausführung hat an seiner unteren Seite eine Korkeinlage. Die Spitze ist mit einer Öse versehen. Zum Ausloten wird der Haken durch die Öse geführt und dann in der Korkeinlage befestigt.

Lotblei

Für die Karpfenangelei bringt das Lotblei natürlich nur etwas, wenn wir in absoluter Ufernähe angeln können. Denn nur dort können wir gewissenhaft ausloten und Bodeninformationen gewinnen.

Auf weitere Entfernungen kann uns das Lotblei nur ungefähre Anhaltspunkte liefern.

Madenschleuder

Der Gebrauch eines speziellen Anfütterungskatapultes, mit dem wir lebendes oder totes Ködermaterial über eine größere Entfernung an den zu beangelnden Platz schießen, kann

Enorme Weiten mit dem Katapult

Der Begriff „Madenschleuder" hat sich bei uns zwar fest eingebürgert, ist aber geradezu irreführend. Eigentlich bestimmt der „Cup", das ist der Teil des Katapultes, der den Köder aufnimmt, welches Futter wir mit unserer Schleuder verschießen wollen.

● Cups für Grundfutter sollen relativ groß sein.

● Mit durchlöcherten Cups erreichen wir größere Weiten als mit geschlossenen.

● Kleine Cups haben bessere Zielgenauigkeit als größere. Maden und Würmer werden am besten mit ihnen verschossen.

● Bollies werden mit kleinen Plastikcups geschossen, die genau zur Ködergröße passen.

durchaus sinnvoll und vielversprechend sein. Wir benutzen das Katapult zumeist dazu, unsere Proteinköder (Boilies) an den Mann, sprich: an den Karpfen, zu bringen.

Beim Kauf von Katapulten achten wir darauf, daß wir jederzeit Austauschteile einzeln erwerben können.
Nach der Benutzung der Schleuder sollten wir diese stets lichtgeschützt lagern. Auch Latexgummis höchster Qualität werden durch den Einfluß ultravioletten Lichtes brüchig und sind damit nicht mehr voll einsatzfähig.

Tip: Nasse Köder lassen sich gut schießen, wenn wir vorher in den Cup ein Baumblatt einlegen, das die Köderhaftung am Cup ausschließt.

Madenschleudern

59

Meßbrett, Maßband

Wir alle kennen die Angler, die mit weitausgebreiteten Armen vor ihren Kollegen stehen und so die ungeheure Länge der früher gefangenen Fische demonstrieren wollen. Den Kollegen kann man damit nur ein müdes Lächeln abgewinnen. Wollen wir einen guten Fisch fotografieren, so leistet das neben der Beute liegende Meßbrett oder Maßband unbestechliche Zeugenarbeit.
Natürlich sind die Meßbretter in erster Linie dazu gedacht, die Maßigkeit der gefangenen Fische festzustellen.

Rutenfutteral, Rutentasche

Das Rutenfutteral nimmt – am besten in eingeschobenen Kunststoffröhren – unsere wertvollen Ruten schützend auf. Es bewahrt so unser Gerät vor eventuellen Transportschäden. Dabei sei angemerkt, daß die meisten Ruten nicht beim Gebrauch, sondern während des Transportes Schaden erleiden. Sogar Kescherstäbe, Rutenhalter, Anglerschirm etc. finden in den geräumigen Außentaschen des Futterales ihren Platz. Wer bislang die sperrigen Teile seiner Ausrüstung aus dem Kofferraum des Autos suchen und mehr oder weniger einzeln ans Wasser tragen mußte, der wird künftig auf sein Rutenfutteral oder die Rutentasche schwören.

Schnurhalter (Run-Clip)

Um auch bei geöffnetem Schnurfangbügel fischen zu können, wird ein Run-Clip auf die Rute geklemmt oder mit Klebeband an ihr befestigt. In diesen Schnurhalter wird die Schnur geklemmt, die sich beim Anbiß eines Fisches leicht wieder löst. Wir ziehen Run-Clips vor, bei denen die Klemmintensität durch eine Schraube variabel einstellbar ist.
Beim Fischen mit der Haarmethode bewirkt der Run-Clip außerdem, daß der Haken bei allen Grundbleimontagen bereits nach dem Biß leicht in das Fischmaul eindringt.

Run-Clip

Run-Clip, verstellbar

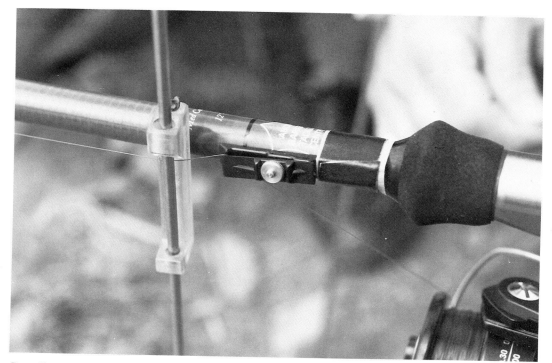

Run-Clip und Affenkletter

Sitzkorb, Gerätekasten

Den Anglersitzkorb ziehen wir einem Gerätekasten immer vor. Zugestanden, sperrig ist der Korb schon. Die Vorteile sind jedoch nicht von der Hand zu weisen. Er ist großräumig, so daß wirklich alle Utensilien einschließlich Regenzeug, Ersatzrollen, Futtermaterial usw. übersichtlich und geschützt in ihm aufbewahrt werden können. Er ist *das* Sitz- und Transportgerät fast aller Angler. Für dieses Allzweckgerät gibt es kaum eine vernünftige Alternative. Nur bei akutem Platzmangel würde ich mich zum Kauf eines kleineren Gerätekastens entscheiden.

Teigkugelformer

Sind die Karpfen erst einmal an Proteinköder gewöhnt, dann entsagen sie anderen lukullischen Verlockungen häufig. Das klappt aber nur, wenn ständig mit diesen Proteinködern angefüttert wird. Der Karpfenspezialist benötigt also eine Menge von vorgefertigten Köderkugeln. Hier leistet der Teigkugelformer – nicht nur für Proteinköder – gute Dienste. Mit dieser tollen Erfindung der englischen Karpfenangler können wir in kurzer Zeit die benötigte Anzahl an Teigkugeln herstellen, die dann auch alle die gleiche Größe haben.

Teigkugelformer

Auch mit solchen Kugelzangen (erhältlich in Jagdwaffengeschäften) lassen sich Boilies gut herstellen

Wiegenetz

Das Wiegenetz besteht aus demselben weichen Nylonmaterial wie der Karpfensack. Das nasse Netz fügt dem Fisch beim Verwiegen keinen Schaden an seiner empfindlichen Schleimhaut zu. Es sollte groß gewählt werden, damit auch ein stattlicher Karpfen niemals herausfallen kann.

Wirbel

Wirbel werden als Verbindung zwischen Hauptschnur und Vorfach aber auch für die Seitenbleimontage eingesetzt. Sie ermöglichen ein problemloses Wechseln des Vorfaches bzw. des Seitenbleies oder des Futterkorbes. Außerdem verhindern sie ein Eindrehen und Verdrallen der Angelschnur. Um jegliches Risiko auszuschalten, sollten wir bei Wirbeln, die zwischen Vorfach und Hauptschnur angebracht werden sollen, auf eine möglichst hohe Tragkraft achten.

Wurfstange

Die Wurfstange ersetzt in vielen Ländern das Katapult. Mit dieser Plastikstange – sie ist am Griffteil geschlossen und oben offen – werden Köder verschiedener Art (z. B. Maden, Würmer, Boilies) – an den Angelplatz geschossen. Der Durchmesser des Wurfstabes beträgt im allgemeinen 20 Millimeter, die Länge rund 40 Zentimeter.

Mit jeweils einer geringen Köderanzahl kann mit etwas Übung recht gezielt auf dem vorgesehenen Platz angefüttert werden. Wird das Rohr mit einer größeren Menge an Ködern gefüllt, dann ergibt der Auswurf eine Art „Köderstraße".

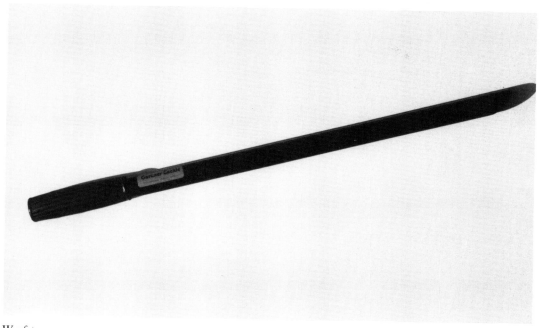

Wurfstange

Sommeridylle

Schuppenkarpfen

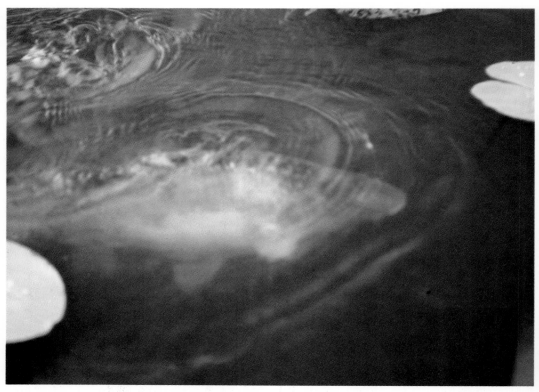

Natürliche Nahrungsangebote im Bereich der Wasserpflanzen

Spiegelkarpfen mit herrlichem Schuppenbild

Schuppenkarpfen

Schön gezeichnet

Spiegelkarpfen am Haken

„Zweistelliger" Spiegler

Ausfahrt zum Karpfenfischen

Angel- und Anfütterköder

Maßgebend für den Fangerfolg ist bei allen Friedfischen das Anfüttern. Regelmäßig und am besten immer zur gleichen Zeit anzufüttern ist für einen erfolgreichen Karpfenfang eine wichtige Grundvoraussetzung. Der Karpfen muß an die von uns angebotene Nahrung gewöhnt werden.

Der ideale Futterplatz liegt auf den Wanderwegen des Karpfens, zum Beispiel in Bodenmulden, in denen sich auch das natürliche Futter ansammelt oder zwischen dem Ufer und einer Insel. Unser Anfütterungsplatz sollte auf jeden Fall nicht in unmittelbarer Ufernähe liegen. Weiter draußen im Gewässer ist der Karpfen längst nicht so mißtrauisch. Außerdem fischt hier die „normal angelnde" Konkurrenz nicht. Große Entfernungen zu überbrücken ist mit den neuen Rutengenerationen heute überhaupt kein Problem mehr.

Im Gegensatz zum Wett- und Stippangler, der ein ganz ausgeklügeltes Anfutter mischt und dann meist mit Maden angelt, füttert der Karpfenspezialist seinen Angelplatz überwiegend mit den Ködern an, die auch an den Haken kommen. Kleinköder werden dabei ganz oder gemahlen in den Angelteig gegeben oder pur gefüttert.

Über Karpfenköder ist sicher viel geschrieben und noch mehr geredet worden. Die unbestreitbare Tatsache, daß wir alle in einem Meer von Köderinformationen schwimmen, sagt überhaupt noch nichts darüber aus, ob und wie wir diese Informationen nutzen. Die nicht mehr überschaubare Informationsfülle läßt den geradezu paradoxen Zustand entstehen, daß wir inmitten dieser Fülle das Gesuchte nicht mehr zu finden vermögen.

Es gibt es ganze Reihe von Ködern, die für das Karpfenangeln prädestiniert sind. Sei es, weil sie eben noch in das groß proportionierte Maul dieses Fisches passen, weil wir seine Vorliebe für bestimmte Geschmacksrichtungen kennen oder weil er ganz einfach an ein bestimmtes Futter gewöhnt ist. Hierzulande sind Kartoffeln, Mais und konventioneller Teig die gebräuchlichsten und erfolgreichsten Köder. Weil sie nämlich am meisten verwendet werden. Wir kennen nichts anderes und nichts besseres.

In England, im Mutterland des Fischens, werden die meisten kapitalen Karpfen auf Proteinköder gefangen. Proteine sind in seiner natürlichen Nahrung, wie Algen, Kleinstlebewesen oder Muscheln reichlich enthalten. Er sucht sich immer die Nahrung mit dem höchsten Proteingehalt, weil sie ihm am meisten nutzt. Bieten wir ihm regelmäßig Proteinköder an, dann gewöhnt er sich an sie und sieht sie als seine natürliche Nahrung an. Er wird dann immer auf der Suche nach diesen schmack- und nahrhaften

Leckerbissen sein. Viele Leser werden nun – völlig zu recht – behaupten: „Proteinköder sind doch nichts neues; habe damit auch nicht besser gefangen." Aber nur die richtige Verbindung von Proteinködern und Angeltechniken, -systemen und -methoden bringen in ihrer Gesamtheit den Erfolg.

Daneben sollen wir natürlich die anderen bewährten Köder nicht gänzlich vergessen. Wird in einem Gewässer ständig mit bestimmten Ködern angefüttert, dann reagiert der Fisch eigentlich nur auf diesen einen Köder auf Anhieb positiv.

Eines wollen wir immer beachten: *In einem Friedfischköder darf niemals ein Drillingshaken stecken.* Fair Fischen sollte für uns selbstverständlich sein. Und hierzu gehört nun einmal der fischschonende Einfachhaken.

Brot

Brot in jeder Form (Kruste, Brötchen, Teig, Flocke, Toast, in der Pfanne geröstetes Brot) war schon immer ein geschätzter Karpfenköder.

Tip: Eine Mischung aus Teig und Krusten wird portionsgerecht daheim eingefroren. Der Transport an das Fischwasser erfolgt mit einer Thermoskanne, die vorher mit Eis ausgeschwenkt wurde, damit die Küh-

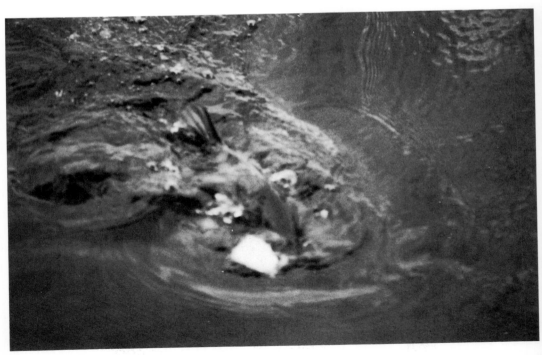

Ein Karpfen interessiert sich für das Schwimmbrot

lung länger anhält. Mit diesen eisigen Ködern lassen sich enorme Wurfweiten von über 100 Meter erzielen.

tet werden (siehe Kapitel „Teig"). Das Hafermehl enthält Fett (3 %), Proteine (12 %), Kohlehydrate (73 %) sowie Mineralien.

Dosenfleisch

Obwohl Dosenfleisch von nicht wenigen Anglern als schnell zu beschaffender Verlegenheitsköder angesehen wird, ist seine Fängigkeit unbestritten.

Das Fleisch sollte bereits einen Tag vor dem Fischen der Dose entnommen, in Scheiben geschnitten und an der Luft getrocknet werden.

Beim Beködern hilft uns auch hier ein zwischen Hakenschenkel und Köder gelegtes, kleines Blättchen. Es dämmt die Wucht des Auswurfes und verhindert so, daß sich der Köder vorzeitig vom Haken löst.

Geschmacksverstärker

Natrium-Glutamat ist ein fast geschmackloses, weißes, geruchloses Kristall. Es erhöht den Geschmack vieler Lebensmittel ganz enorm. Dieser Zusatz kann in Mengen von 0,1 bis 0,3 Prozent zum Futter hinzugefügt werden.

Hafer

Hafer kann am besten als Mehl für weiche oder harte Teigköder verarbei-

Haustierfutter

Tierfutter ist heute schon längst kein Verlegenheitsköder mehr für den erfahrenen Karpfenangler. Speziell Katzen- und Hundefutter sind leicht beschaffbar und gut als Angelköder einzusetzen. Wir kennen zwei Arten von Tierfutter:

1. Konservenfutter

Der Inhalt wird aus der Dose entnommen und mit Paniermehl, Polenta, Weizengrieß oder Sojamehl vermischt. Die weitere Herstellung und Behandlung der Köder erfolgt analog der Ausführungen im Kapitel „Teig" (Boilies).

2. Trockenfutter

Trockenfutter ist recht einfach zu verarbeiten. Zunächst wird der Inhalt der Trockenfutterpackung in eine Schüssel gegeben. In einer anderen Schüssel verquirlen wir etwa sechs rohe Eier und geben das Trockenfutter in kleinen Mengen dieser Flüssigkeit bei. Das Trockenfutter löst sich nun langsam auf und kann in einigen Stunden unter Zuhilfenahme von etwas Grieß zu einem festen Teig geknetet werden. Die hieraus gefertigten Knödel sind am wirksamsten, wenn wir sie zwei bis vier Minuten lang kochen und danach solange an der Luft trocknen, bis die Außenschale erhärtet ist.

Kartoffel

Die Kartoffel ist wohl *der* Spezialköder aller Karpfenangler. Jedenfalls bisher noch. Die Anrichtung der Angelkartoffeln kann auf vielfältige Art und Weise geschehen:

● Dosenkartoffeln können durchaus gute Köder sein. Sie sollten allerdings in einer Salzmarinade liegen und keinerlei andere Konservierungsstoffe enthalten.

● Auch frische, geschälte Kartoffeln werden in rohem Zustand gern angenommen.

● Geschälte, halbgekochte Kartoffeln zählen zu den Standardködern der Karpfenangler.

● Halbgekochte Kartoffeln mit Schale überstehen weite Würfe.

● Wenig bekannt als Karpfenköder sind Pommes Frites.

● Rohgebackene Kartoffelscheiben verfehlen ebenfalls nicht ihre Wirkung.

● Für rohe Kartoffelscheiben oder -würfel gilt analog das zu den ganzen, rohen Kartoffeln gesagte.

Zu weich gekochte Kartoffeln eignen sich nur noch zum Anfüttern. Sie würden sich beim Auswerfen zu leicht vom Haken lösen.
Der versierte Karpfenangler zieht seine Angelkartoffel mit Hilfe einer Ködernadel auf das Vorfach und legt zwischen Kartoffel und Hakenbogen ein Halm- oder Streichholzstückchen. Dieses verhindert ein zu tiefes Eindringen des Hakenbogens in den Köder. Außerdem sind mit Hilfe dieses kleinen Tricks recht weite Würfe ohne Köderverlust möglich.

Mais

Süßer Gemüsemais ist ein hervorragender Karpfenköder. Seine Handhabung ist völlig problemlos, da er sofort nach der Entnahme aus der Konservendose für den Angler gebrauchsfertig ist.
Besser ist die nachfolgende Zubereitungsmethode: Getrockneter Mais wird im Wasser für etwa 3 bis 4 Tage eingeweicht, bis sich Keime bilden. Jetzt wird der Mais gekocht, bis er die nötige Weichheit erreicht hat (etwa 10 Minuten). Bei Bedarf kann dem Kochwasser Geruchs- oder Geschmacksstoffe zugefügt werden. Dies gilt analog für die Herstellung von Erbsen, Bohnen oder Hanf.

Nudeln

Gekochte Nudeln können ein ausgezeichnete Karpfenköder sein. Zugabe

Mais

Tauwurm

von Zucker, Anis, Vanille, Lebkuchengewürz, Honig oder anderer Aromastoffe vermögen die Fängigkeit dieses Köders oftmals beträchtlich zu erhöhen.

Tauwurm

Der Tauwurm ist wohl der gewichtigste Wurm, den wir unseren Süßwasserfischen anbieten können.
Man fängt ihn am besten in der Dunkelheit auf nassen oder feuchten Rasenpartien. Allerdings müssen wir uns dabei vorsichtig bewegen. Bei direkter Anstrahlung mit der Taschenlampe oder zu starker Bodenerschütterung verschwindet der Tauwurm blitzschnell in seinem Loch. Hat man ihn gepackt, beginne man nicht sofort mit einem Tauziehen. Der Wurm würde zerreißen. Wir halten ihn lediglich fest. Nach kurzer Zeit erlahmen seine Abwehrkräfte, und er läßt sich mühelos aus dem Erdreich ziehen.
Bei sommerlicher Trockenheit wird am Abend der tauwurmträchtige Rasen mit einem Gartenschlauch oder der Gießkanne gut angefeuchtet, damit die Tauwürmer in der Dunkelheit

den gewünschten Nässeeffekt vorfinden und aus ihren Schlupflöchern herauskriechen.

Teig

Als Grundmaterial für *normale* Teigherstellung dient Weißbrot, Graubrot, Paniermehl, Mehl usw. Als Duftstoffe hinzugemischt werden oft Käse (geriebener Parmesankäse oder Schmelzkäse), Vanille-, Karamel- oder Aniszucker. Nach der Zubereitung soll der Teig nicht an den Händen kleben, sondern am Haken.

Jeder Karpfenangler schwört natürlich auf seinen Spezialteig, dessen Zubereitung er streng geheim hält. Den richtigen Teig für alle Gewässer, für alle Fischarten und alle Jahreszeiten gibt es zum Glück noch nicht.

Spezielle Teigkugeln, *Boilies* genannt, sind die Zauberformel für den modernen Karpfenangler. Ihre Herstellung ist eine Wissenschaft für sich. Deshalb wird ihr ein breiter Raum zugestanden. Aminosäuren, Nährwerte, moderne Wörter in der Sprache der Karpfenangler, nicht wahr? Aminosäuren sind Stoffe, die aus kleinsten Molekülen bestehen, in denen Stickstoff enthalten ist. Die Verbindung von zwei oder mehr Aminosäuren nennt man Peptide. Hunderte oder tausende von Aminosäuren zusammen werden Proteine genannt. Und damit kann man Fische fangen? Ein Angler, der sich intensiv mit der Herstellung von Boilies, Teig- oder Pastenködern beschäftigt, muß sich auch mit dieser komplizierten Materie vertraut machen. Was bewirkt Protein, der hochgelobte Köder, in einem Fisch? Ganz kurz: Protein wird in das Verdauungssystem aufgenommen, durch Enzyme in Aminosäure gespalten und zur Herstellung von Protoplasma, dem lebenden Zellmaterial, gebraucht. Das Diagramm (siehe Abbildung) erleichtert uns einen Einblick in das Geschehen im Körper des Fisches. Wir kön-

Protein → Verdauung → Aminosäuren → Aufnahme → Protoplasma → Vermehrung → Längenwachstum → Ersatz für abgestorbene Zellen

Kohlehydrate (Stärke) → Glukose (Zucker) → Energie → Nervenbotschaften → Herzschlag → Muskelkontraktionen → Atmung → Bewegung → Gewichtszuwachs

Fett oder Öl → Fettsäuren → Fette → Energiereserven

Zellulose → keine Verdauung → Ballast → Ausscheidung (Schlackenstoffe)

So werden die Bestandteile der Nahrung im Fisch verarbeitet. Zwischen den einzelnen „Stationen" gibt es noch Wechselwirkungen, die nur schwerlich überschaubar dargestellt werden können.

nen sehen, wofür Proteine, Kohlehydrate, Fette und Schlackstoffe benötigt werden.

Wenn wir wissen, was ein Fisch zum Leben braucht, läßt sich leicht mit dem richtigen Mengenverhältnis ein den Fisch ansprechender Köder herstellen: die perfekte Fischnahrung.

Aus welchen Zutaten läßt sich ein ausgewogener Teigköder herstellen? Wie heißen die Zutaten? Wie werden sie gemischt?

Natriumcaseinat
Wasserlösliches Casein mit guten Klebeeigenschaften. Wegen seines geringen Gewichtes gut geeignet für die Herstellung von schwimmenden Ködern. Proteingehalt: 95 Prozent.

Sojaextrakt
Proteinauszug aus Sojamehl, läßt sich mit Milchprodukten mischen. Auch für die Herstellung von Ködern auf pflanzlicher Basis. Proteingehalt: 90 Prozent.

Sojamehl
Sehr gutes Bindemittel. Gemahlene Sojabohnen mit einem Ölanteil. Proteingehalt: 40 Prozent.

Eiweiß
Das Protein aus dem Eiweiß kann mit oder anstelle Eiern zur Köderherstellung verwendet werden. Dieses Protein verleiht dem Köder eine harte Oberfläche, hält kleine Fische vom Knabbern ab. Proteingehalt: 85 Prozent.

Fischmehl
Fischmehl läßt sich als Grundstoff für Köder auf tierischer Basis einsetzen. Bestandteil von Forellenfutter. Proteingehalt: 66 Prozent.

Fleisch- oder Knochenmehl
Zur Verwendung allein oder in Verbindung mit Fischmehl. Proteingehalt: 54 Prozent.

Hanfmehl
Gekochter, gemahlener Hanf kann jedem Köder zugesetzt werden. Proteingehalt: 30 Prozent.

Erdnußmehl
Anstelle von Casein in rein pflanzlichen Ködermischungen. Gute Bindeeigenschaften. Proteingehalt: 50 Prozent.

Maismehl
Bekannt, in jeder Mischung einsetzbar. Proteingehalt: 15 Prozent.

Grieß
Bindemittel, hält Köderpasten zusammen, auch allein; reines Kohlehydrat.

Babynahrungsmittel
Abgestimmte Nährmittelzusammenstellungen für Kleinkinder; als Köderzusatz zu verwenden. Proteingehalt: 10 bis 18 Prozent.

Kälbernährmehl
Zusammen mit einem Bindemittel für die Köderherstellung geeignet; fertig

abgestimmte Mischung. Läßt sich mit Sojamehl und Forellenpellets mischen. Proteingehalt: 26 Prozent.

Karpfen-Pellets
Ergänzungsfutter für Karpfen; abgestimmte, fertige Mischung. Verwendung wie Kälbernährmehl. Proteingehalt: 28 Prozent.

Forellen-Pellets
Ergänzungsfutter für die Forellenzucht; wie Kälbernährmehl oder Karpfen-Pellets. Je nach Handelsform 36, 42 oder 52 Prozent Proteingehalt

Kälbernährmehl, Karpfen- und Forellenergänzungsfutter sind fertig abgestimmte Mischungen und können an einem trockenen Ort nur drei bis vier Monate gelagert werden. Danach haben sich die Vitaminanteile zurückgebildet.

Wie finden wir nun heraus, wieviel Proteingehalt ein von uns hergestellter Köder enthält? Die Ausrechnung erfolgt nach folgendem Schema:

Beispiel

120 Gramm Natrium-Caseinat		
(95 % Protein)	$120 \times 95 =$	11.400
120 Gramm Hanfpulver		
(30 % Protein)	$120 \times 30 =$	3.600
60 Gramm Babynahrungsmittel		
(14 % Protein)	$60 \times 14 =$	840
300		15.840

15.840 : 300 = 52,8 % Proteingehalt

Egal, mit welchen proteinhaltigen Produkten wir arbeiten: Die Errechnung des Proteingehaltes unserer Köder bzw. des Futters erfolgt immer nach diesem recht einfachen Modell.

Etwaiger Proteingehalt und Futteranteilempfehlung von Angelködern

Proteingehalt	Name	Anteil im Futter
95 %	Casein	30 % bis 60 %
95 %	Natrium Casein	10 % bis 50 %
90 %	Sojaextrakt	10 % bis 20 %
88 %	Milcheiweiß	10 % bis 30 %
85 %	Eiweiß	5 % bis 20 %
80 %	Weizenkleber	
	(Glutenmehl)	10 % bis 40 %
66 %	Fischmehl	10 % bis 50 %
55 %	Weizenkeimmehl	10 % bis 50 %
54 %	Fleischmehl	10 % bis 50 %
54 %	Knochenmehl	10 % bis 50 %
50 %	Erdnußmehl	10 % bis 60 %
36 % bis 52 %		
	Forellenfutter	10 % bis 80 %
30 %	Hanfmehl	10 % bis 40 %
28 %	Karpfenfutter	10 % bis 80 %
26 %	Kälberfutter	10 % bis 80 %
15 %	Maismehl	10 % bis 40 %
10 % bis 18 %		
	Babynahrung	10 % bis 25 %
0 %	Grieß	10 % bis 50 %

Herstellung

Wie werden nun die fangträchtigen Hochproteinköder von uns fabriziert? Die Pulversorten der von uns favorisierten Mischung (etwa 450 Gramm) werden in einer Schüssel mit etwa 6 bis 10 rohen Eiern – je nach Größe – angerührt. Beachten sollten wir, daß die Eier nicht nahe bei anderen geruchsintensiven Lebensmitteln lagern, denn sie nehmen diesen Geruch an und können so die Qualität unseres Teiges negativ beeinflussen. Nachdem nun die Teigmasse etwa fünf Minuten lang geknetet wurde, lassen wir sie für rund zehn Minuten stehen. Es entsteht eine relativ feste Masse. Ist der Teig zu weich, so fügen wir etwas Fertigpulver (notfalls Gries) hinzu und kneten das ganze nochmals kräftig durch. Bei zu trockenem Teig wird die nötige Menge an rohem Ei hinzugegeben. Entspricht der Teig nun unseren Vorstellungen, werden kleine Bällchen (Boilies) von 10 bis 20 Millimeter Durchmesser geformt. Die Köder, die voraussichtlich nicht an einem Angeltag verbraucht werden, füllen wir in eine Plastiktüte und frieren sie für einen späteren Gebrauch ein. Die anderen Boilies schütten wir nun in kochendes Wasser. Sie gehen unter und steigen nach etwa 1 bis 2 Minuten wieder empor. Nach weiteren zwei Minuten entnehmen

Teigkugelformer und Boilies

wir die Köder dem Kochtopf und legen sie zum Lufttrocknen auf Zeitungspapier. Die Trockenzeit dauert ungefähr vier Stunden. Dabei ist es nicht verkehrt, wenn wir die Bällchen von Zeit zu Zeit wenden, damit der Trockenprozeß rundum erfolgen kann. Die zähweichen Köderkugeln werden nun in einer entsprechenden Dose bis zum bevorstehenden Angeltag im Kühlschrank aufbewahrt. Bei längeren Aufbewahrungszeiten müssen die Boilies eingefroren werden.

Wollen wir Hartköder herstellen, dann lassen wir die Kugeln drei bis vier Tage lang an der Luft trocknen.

Die Zubereitung von *schwimmenden* Pastenködern erfolgt etwas anders. Wieder verrühren wir unser gemischtes Pulver mit den rohen Eiern (diesmal etwa 12 Eier hinzufügen), die vorher per Hand oder mit einem elektrischen Mixgerät geschlagen werden, damit sich Luftblasen in dieser Masse bilden. Der Mischvorgang Eier-Pulver kann ruhig volle fünf Minuten andauern. Nun wird die Mischung auf ein gefettetes Backblech gegeben und in den vorgeheizten Backofen (150° C) geschoben, wo sie eineinhalb bis zwei Stunden verbleibt. Zwischendurch müssen wir Hobbyköche natürlich ab und an nach dem rechten schauen. Erstens, damit unser Köder nicht anbrennt, und zweitens, damit wir mit der Hausfrau keinen Ärger bekommen. Nach dieser Zeit nehmen wir unser Köderblech aus dem Ofen und lassen es abkühlen. Unsere Backkünste hatten Erfolg, wenn die Kruste klebrig-rauh und die Innenseite feucht und schwammig ausgefallen ist. Nun schneiden wir unseren Köderkuchen in Würfel oder andere uns genehme Formen. Dabei beachten wir, daß die Kruste erhalten bleibt. Sie verhindert ein Ausreißen des Angelhakens.

Eine zweite Methode, schwimmende Köder herzustellen, ist folgende: Wir bereiten den Teig vor, wie er für die sinkenden Boilies beschrieben wurde. Statt des Kochens werden sie für rund 30 Minuten in einen mit 200° C vorgeheizten Backofen gegeben. Dabei sollen die Bällchen nach 15 Minuten einmal gewendet werden. Nach dem Abkühlen bleiben diese Köder für einige Jahre frisch, wenn sie trocken gelagert werden.

Köderrezepte (Boilies)

a) 50 % Grieß
   30 % Sojamehl
   20 % Maismehl
   Für eine Mischung von 450 Gramm werden 6 rohe Eier benötigt. Geschmacksstoffe in flüssiger oder pulverisierter Form (5–10 ml Flüssigkeit bzw. 2–3 Teelöffel Pulver) sowie Farbstoffzusatz nach Wahl runden die Mischung ab.

b) 40 % Erdnußmehl
   20 % Natrium Caseinate
   10 % Soja-Extrakt
   10 % Sojamehl
   20 % Grieß
   Für eine Mischung von 400 Gramm werden 6 rohe Eier benötigt. Sonst wie a).

c) 35 % Caseinate
25 % Milcheiweiß
20 % Weizenkeimmehl
10 % Gries
10 % Sojamehl
Sonst wie b).

d) 40 % Caseinate
30 % Milcheiweiß
20 % Natriumkaseinate
10 % Weizenkleber
Sonst wie b).

e) 40 % Natrium Caseinate
20 % Milcheiweiß
20 % Weizenkeimmehl
10 % Sojamehl
10 % Gries
Für eine Mischung von 450 Gramm benötigen wir 2 Teelöffel Backpulver, 12 rohe Eier, Farb- und Geschmacksstoffe nach Wahl.

Während die Rezepte a) bis d) für sinkende Köder vorgesehen sind, gilt die Angabe e) zur Herstellung von schwimmenden Ködern.

Sonstige Angelköder

Die nachfolgend aufgeführten Angelköder kann man schwerlich als ausgesprochene Karpfenköder bezeichnen. Sie animieren auch alle anderen Friedfische zum Beißen. Der Vollständigkeit wegen sollen sie jedoch erwähnt werden. Vor allem deshalb, weil der Karpfen auch sie zu schätzen weiß und sie keinesfalls verschmäht.

Caster

Verpuppte Maden nennt man Caster. Zum Angeln eignen sich nur die sinkenden Caster. Um die schwimmenden von den sinkenden trennen zu können, schüttet man Caster in ein wassergefülltes Gefäß und sammelt die auf der Wasseroberfläche schwimmenden mit einem kleinen Sieb ab. Die abgesunkenen Caster werden zum Angeln mitgenommen. Beim Casterangeln soll der Angelhaken weitestgehend bedeckt und für den Fisch unsichtbar sein.

Caster

Erbsen

Gekocht oder besser und einfacher fertig der Dose entnommen, gelten Erbsen an einigen Gewässern als besonders fängig. Dann nämlich, wenn Angelplätze gezielt mit diesem Köder angefüttert werden. Die Fische stellen sich rasch auf die für sie neue Bereicherung des Küchenzettels ein und nehmen die Erbsen gierig auf. Es leuchtet ein, daß so präparierte Angelplätze anderen überlegen sein können.

Hanf

Hanf wird an vielen Gewässern von den Anglern als echter Geheimköder angesehen. An einigen Gewässern ist dieser Köder dermaßen fängig, daß er

Hanf

auf die Liste der nicht zugelassenen Angelköder gesetzt werden mußte. Für die Karpfenangelei kommt Hanf nur indirekt als Hakenköder in Betracht. Dann nämlich, wenn er als Teigbestandteil eingemischt wird. Das kleine Hanfkorn allein am Haken würde vor allem Rotaugen anlocken. Und wir wollen Karpfen fangen.

Käse

Nicht nur Döbel und Barbe mögen Käse. Auch der Karpfen kann seinem Duft häufig nicht widerstehen.

Maden

Die Made ist unter den meisten Anglern der Universalköder Nummer eins. Maden werden in Deutschland aus hygienischen Gründen nicht gezüchtet. Man bezieht sie vornehmlich aus England, Belgien, Holland und Italien. Sie sind verhältnismäßig preiswert in jedem Angelfachgeschäft zu erstehen. Die bei uns erhältlichen Maden sind immer Fliegenmaden (Entwicklungsstadien: Ei – Made – Puppe – Fliege). Durch Züchtung auf verschiedenen Fleischsorten beziehungsweise durch Hinzufügen von lebensmittelgerechten Farbzusätzen erreicht man unterschiedliche Madeneinfärbungen. Wir kennen weiße, gelbe, orange, rote, braune, bronze, grüne und blaue Maden in den unterschiedlichsten Größen. Am gebräuchlichsten sind die in den Farbtönen weiß, gelb und rot.

Maden

Maden sind auch in der wärmeren Jahreszeit gut haltbar. Im Kühlschrank bleiben sie bei Temperaturen um + 3 Grad Celsius wochenlang quicklebendig. Es sei denn, unsere Ehefrau führt ihr rasches Ende durch die Verbannung aus dem Kühlschrank herbei.

Der Angelhaken ist fängiger beködert, wenn nur die breite Seite der Made durchstochen wird. Die Hakenspitze kann dabei ohne weiteres sichtbar bleiben. Sie stört den Fisch beim Anbiß überhaupt nicht und läßt ihn in der Regel völlig unbeeindruckt. Auch der kapitale Karpfen vermag einem appetitlich dargebotenen Madenbündel häufig nicht zu widerstehen. Oftmals werden auch Kombinationsköder – Made/Wurm, Made/Brotflocke, Made/Mais etc. – erfolgreich verwendet.

Maden verpuppen sich unter Hitzeeinwirkung (warmes Zimmer, Sonneneinstrahlung) rasch.

Mehlwurm

Der gelblichbraun gefärbte Mehlwurm ist die Larve des Mehlkäfers. Für wenig Geld ist er in den meisten zoologischen Fachgeschäften erhältlich. Kühl aufbewahrt halten sich Mehlwürmer lange Zeit.

Mehlwürmer

Rotwurm

Unter den Rotwürmern sind dem Angler die Mist-, Laubwürmer, Gelbschwänze und Blauköpfe am bekanntesten. Die Einfärbung der genannten Würmer ist gelblich-braunrot bis dunkel-braunrot. Alle diese Würmer sind recht lebhaft. Auch noch am Haken. Und diese Tatsache hat schon manchen Karpfen verführt. Um die Lebendigkeit nicht zu blockieren, ziehen wir den Wurm nicht auf den Haken auf, sondern stecken ihn mehrmals quer durch, so daß sich seine Körpermasse gleichmäßig auf Hakenbogen und -schenkel verteilen läßt.

Der im Kompost beheimatete Gelbschwanz und der in Misthaufen lebende Mistwurm sind – nicht nur bei den Karpfenanglern – beliebt. Wahrscheinlich auch deshalb, weil man sie häufig problemlos und einfach selbst beschaffen kann.

Sprock

Sprockmaden sind die Larven der Köcherfliege. Sie bilden aus Sand, Steinchen, kleinen Muscheln, Holzstückchen, Rinde etc. röhrenförmige Behausungen, die sie auf im Wasser befindliche Steine, Äste und dergleichen befestigen. Von ihrem Gehäuse

Sprock

men. Es ist protein- und vitaminreich. Für die Angelei auf den Karpfen eignet sich Vogelfutter nur in feingemahlenem Zustand.

Rezept: 400 ml Wasser
110 Gramm Gelantine
170 Gramm Vogelfutterpulver
30 ml Glyzerin
½ Teelöffel Süßstoff
½ Teelöffel Farbstoff (bei Bedarf)

Zunächst wird die Gelantine in warmem Wasser aufgelöst, dann unter ständigem Rühren Glyzerin sowie das Vogelfutter hinzugegeben. Die Mischung wird nun etwa eine Minute lang stehengelassen und danach auf ein Backblech gegeben. Die Schicht sollte 1 bis 2 Zentimeter hoch sein. Nach dem Erkalten der Masse ist diese erhärtet und kann in portionsgerechte Stücke zerschnitten werden.

befreit, sind Sprockmaden ein sehr guter Angelköder. Die Made läuft allerdings sehr schnell aus und sollte deshalb, in Kopfnähe aufgespießt, an dünndrähtigen Angelhaken angeboten werden.
Köcherfliegenlarven beläßt man bis zum Gebrauch in feuchtem Moos. Das Gehäuse brechen wir erst unmittelbar vor der Anköderung der Larve auf und entnehmen diese.

Vogelfutter

Vogelfutter setzt sich in der Regel aus verschiedenen Getreidesorten, Nüssen und anderen Samenarten zusam-

Weizen

Gekochter Weizen ist ebenfalls ein vorzüglicher Friedfischköder. Speziell in der wärmeren Jahreszeit wird er gern und erfolgreich benutzt.
Die Zubereitung des Weizens ist etwas zeitraubend. Vor dem Kochen sollten die Weizenkörner eine Nacht lang eingeweicht werden. Die Kochzeit auf kleiner Flamme in einem wassergefüllten Topf dürfte dann etwa eineinhalb Stunden betragen. Der Köderweizen hat die richtige Weichheit, wenn die Körner aufzuplatzen

Weizen

beginnen. Wir müssen unbedingt darauf aufpassen, daß der Weizen beim Kochvorgang arg aufquillt. Der Topf darf also höchstens zu einem Drittel mit Weizenkörnern gefüllt werden.

Benötigt man keine größeren Mengen, kann man es sich wesentlich einfacher machen: Wir füllen eine Thermoskanne zu etwa einem Drittel mit Weizenkörnern und gießen darauf heißes Wasser (Kanne etwa zu ⅘ mit Wasser auffüllen). Danach verschließen wir das Gefäß. Am nächsten Morgen ist der Weizen weich und zum Angeln bereit.

Beachten wir die genannten Mengenangaben nicht peinlich genau, so können wir uns das Weckerstellen für den nächsten Morgen sparen. Die explodierende Kanne, aus der sich der Weizen befreit, weckt uns sehr vernehmlich.

Viele Angler geben in das Kochwasser Aromastoffe ihrer Wahl, die dann vom Köder aufgenommen werden und ihn dadurch unter Umständen noch reizvoller für den Schuppenträger macht.

Als Mehl wird Weizen auch für die Verarbeitung von Boilies mitbenutzt. Weizen hat einen Proteingehalt von rund 13 Prozent und besitzt eine starke Bindekraft.

Weizenkleber (Gluten) wird aus dem

inneren Kern des Weizenkornes hergestellt.

Zuckmückenlarven

Für den Karpfenspezialisten spielt die Zuckmückenlarve – im Gegensatz zu den Stipp- und Wettkampfanglern – keine entscheidende Rolle.

Die kleine Zuckmückenlarve (sie kommt in Bachläufen vor) wird rund 1 cm, die große (sie kommt in Teichen, Wasserlöchern und Tümpeln vor) etwa 3 cm lang. Neben den bekannten blutroten Zuckmückenlarven gibt es noch schwarze und weißliche. Zuckis haben einen dicklichen Kopf und einen sich nach hinten verjüngenden zweigeteilten Schwanz.

Alle Gewässer, in denen Zuckmückenlarven leben, sind natürlich verschmutzt, z. B. durch Mühltätigkeit, Molkereibetriebe, Schlachtereien etc. und dadurch äußerst nahrungsreich.

Sonstige

Zu den gebräuchlichsten Angelködern des Karpfenanglers zählen noch Muscheln, Raupen, Käfer, Bohnen, Nüsse, Datteln, Rosinen u. a. Dem Experimentierfreudigen werden immer neue Arten und Varianten einfallen.

Bei der Benutzung von Bohnen und Nüssen müssen wir unbedingt darauf achten, daß diese Köder vorher eingeweicht oder weichgekocht werden. Sie schaden sonst dem Wohlbefinden des Fisches.

Geruchs-, Geschmacks- und Farbstoffe

Nicht jedem Angler ist bekannt, daß Fische neben einem Geschmacks- auch über einen Geruchssinn verfügen. Dieser Sinn ist es nämlich überwiegend, der den Fisch an unseren Angelplatz lockt und ihn zur Aufnahme des Futters bewegt. Als der Karpfennase genehme Geruchs- und Geschmacksstoffe gelten Honig, Vanille, Marzipan, Lebkuchen und andere süßliche Düfte. Aber auch die „scharfen" Varianten wie Cumin, Anis oder Curry können durchaus erfolgreich sein.

Als Farbstoffe kommen nur auch für den menschlichen Genuß zulässige Lebensmittelfarbstoffe infrage. Sie sind, wie auch die Geruchs- und Geschmacksstoffe, in guten Angelfachgeschäften erhältlich.

Faaker See: Ausfahrt im Morgennebel

Mein Freund: Der Karpfen

Methoden, Tricks und Kniffe

Wenn wir viele Angler stundenlang reg- und erfolglos auf den Schwimmer oder sonstigen Bißanzeiger starren sehen, dann fischen sie entweder in fischlosen Gewässern oder – was viel wahrscheinlicher ist – nach der falschen Methode. Es mag auch sein, daß sie ein freundliches Übereinkommen mit den Schuppenträgern getroffen haben, wonach sich Karpfen und Angler gegenseitig in Ruhe lassen. Zuweilen hören wir sie in Schilfgürteln laut fluchend sprechen und suchen vergebens nach ihren Kollegen. Dabei reden sie nur mit sich selbst und geben dem Wasser, dem Gerät oder ihrem Gerätehändler die Schuld am anglerischen Mißerfolg. Zu dieser Sorte Angler wollen und werden wir nicht gehören.

Bevor wir uns mit der Methodik des Karpfenangelns auseinandersetzen, müssen wir uns noch einmal mit dem Verhalten unserer Beute beschäftigen.

Ausloten

Ohne genaue Kenntnisse über die Gewässertiefe und die Bodenbeschaffenheit ist ein aussichtsreiches Beangeln

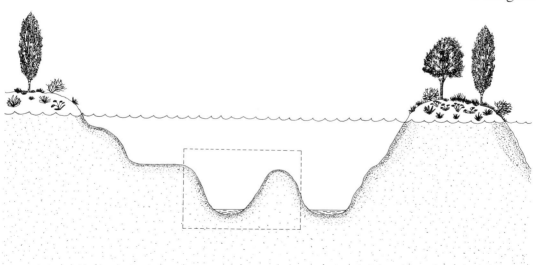

In Mulden, an Erhebungen und Bodenkanten steht der Fisch

93

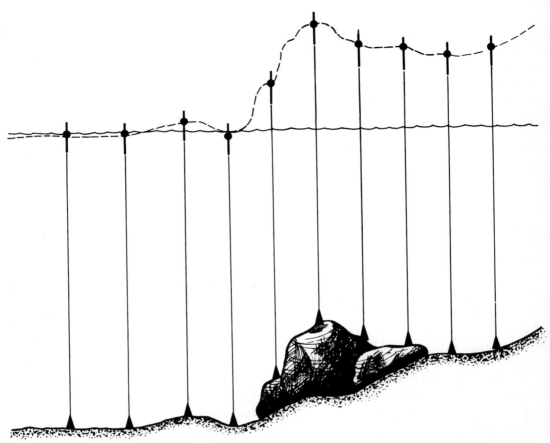

Bodeninformation durch Ausloten

des Karpfens nicht gut möglich. Der Karpfenspezialist verwendet in der Regel viel Zeit zum Ausloten und Beobachten des gewählten Angelplatzes. Über die anfangs verlorenen Minuten tröstet danach der gute Erfolg garantiert hinweg. Denn gerade in Mulden, an Erhebungen und Bodenkanten steht der Fisch, oder er läßt sich durch gezieltes Anfüttern dort hinlocken. Warum? Weil sich an diesen Stellen auch das natürliche Futter

sammelt und ihn so zum Verweilen einlädt.

Im Stillwasser achten wir darauf, daß wir stets senkrecht unter der Rutenspitze bzw. dem Schwimmer, also niemals „schräg" loten. Nur so kann die mit Hilfe des Lotbleies ermittelte Gewässertiefe auch tatsächlich stimmen. Die ganze Lotprozedur kann natürlich – dies gilt vornehmlich für den Posenangler – für die Katz sein, wenn wir z. B. an Gewässern angeln, die durch Ebbe und Flut beeinflußt werden oder – das ist bei Stauseen häufig der Fall – große Mengen an Wasser zu- oder ablaufen. Versierte Angler bekommen das Problem recht gut in den Griff, indem sie zu Beginn des Angeltages einen Markierungsstab in das Ufer bohren, an dem sie dann das Steigen oder Sinken des Wasserspiegels ablesen und die Einstellung ihres Angelgeschirres korrigieren können. Auf weitere Entfernungen angelt der versierte Karpfenjäger eigentlich ausschließlich mit dem Bodenblei. Das Ausloten des Angelplatzes ist auch hier unerläßlich, fällt jedoch ungleich schwerer. Wir behelfen uns folgendermaßen: Die Angelschnur wird alle 25 Meter mit einer andersfarbigen Markierung (Tipp-Ex, wasserunlöslicher Filzschreiber) gekennzeichnet. Damit haben wir nach dem Auswurf einen guten Anhaltspunkt über die jeweilige Entfernung zum Ufer. Nun bestücken wir die Schnur mit einem etwa 70 Gramm schweren Blei. Nach dem Auswurf wird die Rute parallel zum Ufer gehalten. Beim Einkurbeln registrieren wir: Gibt die Rutenspitze nach, befinden wir uns am Ende einer Mulde oder Kante. Das Blei „fällt" hinunter. Biegt sich die Angelrutenspitze stärker, dann überwindet das Blei gerade eine Schrägung, etwa den Anfang einer Mulde.

Anmerkung: *Ein weiterer guter Anhaltspunkt ist das auf der Angelrolle aufgedruckte Übersetzungsverhältnis. Wir können somit errechnen, wieviel Schnur die Spule bei einer Umdrehung aufnimmt. Ein Übersetzungsverhältnis von 4:1 bedeutet: Bei jeder Kurbelumdrehung wickelt sich die Angelschnur viermal um den Spulenkern.*

Tückischer Boden

Was wir beim Ausloten nicht immer feststellen können, ist die Beschaffenheit des Bodens. Die Kenntnis hierüber ist jedoch außerordentlich wichtig. Man kann sich leicht vorstellen, daß einerseits der Köder und die gesamte Montage sich bei Sand-, Schlamm-, Kies- oder hartem Grund unterschiedlich verhalten, andererseits die Freßgewohnheiten des Karpfens für die einzelnen Bodenbeschaffenheiten abweichen können.

Weicher Boden
a) Sand
Weicher Sandboden kann dem Angler böse Streiche spielen. Man stelle sich folgende Situation vor: Nach dem Auswurf wird die Angelschnur in den Runclip gespannt. Als Bißanzeiger dient wiederum die „Affenkletter". Das Angelblei sinkt nun mehr oder weniger langsam in den Sandboden ein und gaukelt dem gespannt beobachtenden Angler einen bedächtigen Karpfenbiß vor. Wir müssen bei einem derartigen Boden also immer einkalkulieren, daß der Bißanzeiger an der „Affenkletter" für einen gewissen Zeitraum reagiert, bis das Blei tief genug in den Sandboden eingesunken ist.

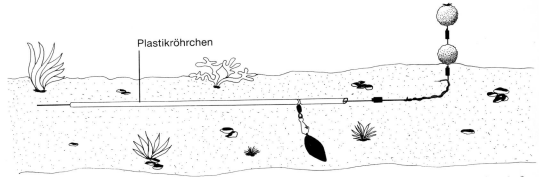

Plastikröhrchen

Bei weichem Untergrund und häufigen Schnurverwicklungen hat sich diese Montage recht gut bewährt. Außerdem wird die Schnur bei steinigem Gewässerboden (scharfe Kanten) nicht beschädigt

b) Schlamm

Bei schlammigem Boden besteht gegebenenfalls das gleiche Problem wie beim Sandboden. Das Blei kann tief in den Schlamm einsinken. Zusätzlich erschwert wird die Angelei bei einem solchen Untergrund oft noch dadurch, daß sich dickes Wurzelwerk alter Wasserpflanzen dort befindet. Es besteht also eine außerordentlich hohe Hängergefahr. Schlammiger Boden ist die Heimat der auch vom Karpfen als Leckerbissen geschätzten Zuckmückenlarven.

Harter Boden

Relativ wenig Probleme werden wir haben, wenn wir einen harten Gewässeruntergrund vorfinden. Einzig und allein der manchmal üppige Pflanzenbewuchs kann uns auch hier zu schaffen machen.

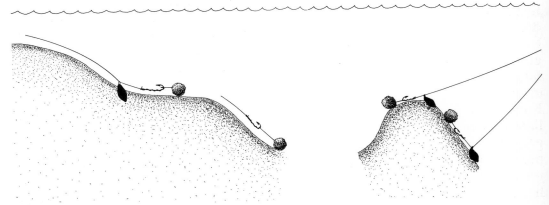

Hier wird der Köder bei festem Untergrund erfolgreich angeboten

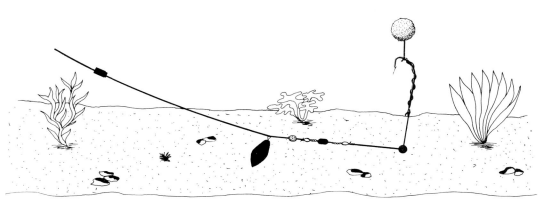

Harter Boden mit Pflanzenbewuchs: schwimmender Boilie

Nach dem Ausloten

Montagevorschlag – Auswerfen – „Affenkletter" in Aktion – Keschern – Wiegen

Nun haben wir gelernt, wie wir das Gewässer mit unterschiedlicher Methodik auszuloten vermögen. Durch die Kenntnisse, die wir dabei erworben haben, sind wir in der Lage, ein gutes und erfolgversprechendes Anfütterungsgebiet für die Karpfen zu ermitteln. Das sind die Mulden und Kanten, an denen sich auch das natürliche Futter für unsere Schuppenträger ansammelt. Von Vorteil ist es immer, wenn in den von uns ausgewählten Mulden auch Wasserpflanzen stehen, weil sich hier zusätzlich eine Vielzahl von lebendem und totem Futter befindet. Die Fische weiden die Pflanzen rechtrecht ab.

Fast unseres Erfolges sicher können wir sein, wenn wir an unserem ausgewählten Angelplatz bereits regelmäßig Karpfen an der Oberfläche springen sahen. Dieses Verhalten bedeutet, daß die Karpfen auf der Suche nach Futter sind.

Unsere Futtermulde haben wir bereits durch das Loten gefunden und die Entfernung mit einem Filzstift auf der Schnur markiert. Nun montieren wir unsere beiden Angelruten. 35er Hauptschnur, 70 Gramm Arlesy-Blei (fest montiert), vom Blei bis zum Haken ein schwarzes, weiches Dacron-Vorfach von 30 cm, der Haken der Größe 6 ist mit einer dünnen Dacronschnur von 3 cm Länge, an der ein Hartköder hängt, verbunden: Das ist eine ausgewogene und vielversprechende Montage.

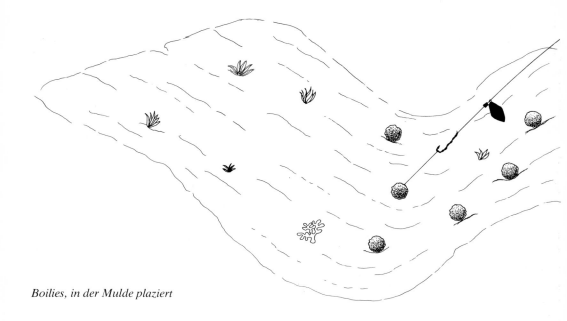

Boilies, in der Mulde plaziert

Der Köder wird über den Anfütterungsplatz hinaus ausgeworfen. Dann holen wir die Schnur bis zu unserem Markierungspunkt ein und wissen, daß wir uns voll auf dem Anfütterungsplatz befinden. Die Rute wird auf die Rutenablage gelegt. Nachdem wir die Schnur im Runclip fixiert haben, können wir den Rollenbügel öffnen. Die Affenkletter stellen wir so ein, daß der „Affe" – der kleine Plastikbißanzeiger – ziemlich hoch steht. Wenn nun ein Fisch den Köder aufnimmt, wird die Schnur aus dem Runclip gezogen. Der „Affe" saust nach unten und signalisiert uns den Biß. Wir schließen den Bügel. Ein leichtes Anheben der Rute genügt nun vollauf, um den Haken richtig in das Fischmaul zu treiben.

Nach einigen kräftigen Fluchten haben wir unseren Karpfen nun glücklicherweise in Keschernähe. Durch leichtes Anheben der Angelrute wird der Fisch über den Kescher geführt. Der Angler sollte stets einen großvolumigen Karpfenkescher benutzen. Zugegeben: er sieht etwas zu optimistisch in seinen Ausmaßen aus. Aber Sicherheit geht schließlich vor. Und wer will schon „den Fisch des Lebens" wegen eines lumpigen kleinen Unterfangkeschers verlieren? Gerade beim Nachtangeln haben sich die großen Karpfenkescher besonders gut bewährt.

Nachdem der Karpfen in einem nassen Wiegesack verwogen und zusätzlich die Länge und die Art des Fisches festgestellt wurde, steht eine schwierige und für unseren beschuppten Freund ganz entscheidende Frage offen: Zurück in das nasse Element oder aber der verhängnisvolle Weg in die Bratpfanne? Zum Glück gibt es eine ganze Menge von Petrijüngern, die den traurigen Karpfenaugen nicht widerstehen können. Sie setzen den Prachtfisch behutsam und nicht ganz leichten Herzens zurück.

Vertrauenserweckende Köderangebote

Unsere Köder haben nur eine Chance, vom Karpfen vertrauensvoll angenommen zu werden, wenn sie sich völlig natürlich verhalten. Wie nehmen Karpfen ihre Nahrung zu sich? In den Zoo-Aquarien der großen Städte kann man Karpfen recht gut bei ihrer Futteraufnahme beobachten.

Vielfach wird dieser Fisch mit kleinen, toten Fischen gefüttert. Diese sinken langsam zu Boden. Entweder nimmt der Karpfen diese Nahrung bereits beim Absinken oder direkt vom Boden. In beiden Fällen saugt er die Nahrung aber zunächst ein und spuckt sie sogleich wieder aus. Wenn er dann sieht, daß der kleine Fisch natürlich absinkt, nimmt er ihn endgültig. Unsere Köder müssen also genauso frei und natürlich zum Boden schweben.

Nahrung, die zwischen Kies liegt, wird vom Fisch samt den Steinchen in das Maul genommen und dann wieder ausgespuckt. Die Kieselsteine fallen sofort wieder nach unten, während die Kleinsttierchen noch einige Zeit lang im Wasser schweben und

vom Karpfenrüssel wieder eingesaugt werden. Unsere schwimmenden Köder müssen sich auch frei und für den Karpfen unverdächtig im Wasser bewegen und ihn so zum Anbiß reizen. Liegt der Köder auf dem Grunde auf, so stellt er sich über ihn und bewegt die Bauchflossen heftig. So entsteht ein Unterdruck, der den Köder vom Grunde abhebt, so daß der Karpfen ihn jetzt direkt aufnehmen kann. Auch unsere am Boden liegenden Angelköder müssen vom Karpfen durch Flossenschlag hochwirbeln, damit sie ohne Scheu von ihm genommen werden.

Haarig

In fast allen unseren heimischen Gewässern schwimmen kapitale Karpfen. Meistens werden diese Prachtexemplare nur von wenigen Spezialisten oder – weit häufiger – durch puren Zufall gefangen. Wir können getrost davon ausgehen, daß der Karpfen nicht dumm und, oft durch schlechte Erfahrungen verunsichert, bei der Nahrungsaufnahme äußerst vorsichtig ist. In England zeigten Langzeittests: große Karpfen nehmen meistens den Köder nur dann auf, wenn er sich vollkommen natürlich verhält. Findet der Karpfen unseren Köder, so testet er den Leckerbissen, indem er ihn mit seinem Rüsselmaul ansaugt. Verhält sich der Köder hier unnatürlich, das heißt, er läßt sich schlecht ansaugen, weil er am Haken und mit einer starken, steifen Schnur verbunden ist, spuckt der Karpfen ihn sofort angewiedert wie-

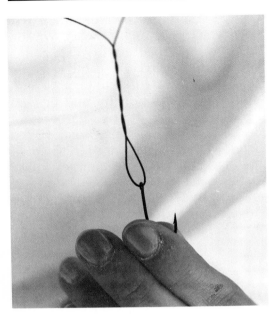

1. *Legen der Windungen*

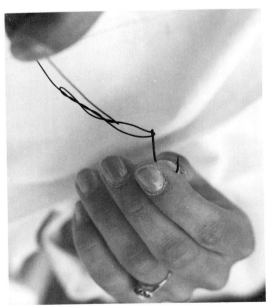

2. *Zweim. Durchführen durch die untere Schlaufe*

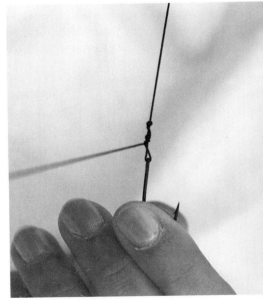

3. *Zusammenziehen*

Einen äußerst einfach zu knüpfenden und dabei sehr haltbaren Knoten hat Gary L. Martin anläßlich der Knoxville-Weltausstellung 1982 zum ersten Mal der Öffentlichkeit vorgestellt:

1. Führen Sie die Schnurschlaufe durch den Ring eines Wirbels oder die Öse eines Hakens.

2. Legen Sie die Schlaufe nun über die gedoppelte Schnur und ziehen Sie diese etwas durch die Schlaufe.

3. Führen Sie jetzt das freie Schnurende zwischen der gedoppelten Schnur und der Schlaufe hindurch.

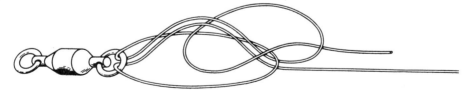

4. Führen Sie das freie Schnurende durch die Schlaufe, die bei der Ausführung des 3. Schrittes neu entstanden ist.

5. Ziehen Sie jetzt den Knoten fest an und schneiden das Schnurende bündig ab.

der aus. So, als ahne er, was da auf ihn zukommen würde. Dies gilt besonders für stark überfischte Gewässer; dort, wo er bereits schlechte und schmerzliche Erfahrungen sammeln mußte. Bei genauem Beobachten während der Nahrungsaufnahmezeiten können wir erkennen, daß kapitale Fische sich eine weitere, besondere Art der „Köderinspektion" angeeignet haben. Anstatt den Köder mit dem Maul zu berühren oder anstatt des üblichen Ansaugens oder Auspustens, bevor der Köder akzeptiert und gefressen wird, schwimmt der Fisch über den Köder und fächert ihn mit den Brustflossen an. Bewegt sich der Köder, nimmt der Fisch ihn auf.

Die Haarmethode ist für solche Fälle ideal und läßt sich bei jedem Ködertyp anwenden. Diese *Vertrauensmontage* ist im Prinzip ganz einfach und einleuchtend. Zwischen Haken und Köder wird eine etwa drei Zentimeter lange, dünne Schnur (0,10 mm Durchmesser) geschaltet. Noch besser verhält sich die dünnste Carp-line (schwarze, geflochtene Dacron-Schnur), die wesentlich weicher und geschmeidiger ist als herkömmliche monofile Angelsehne. Bei Verwendung der Haarmethode läßt sich der Köder ganz natürlich vom Karpfen ansaugen oder mit den Brustflossenbewegungen aufwirbeln und wird deshalb ohne Scheu vom Karpfen aufgenommen.

Die Montage erfolgt folgendermaßen: Zuerst muß man die dünne Schnur am Hakenbogen festbinden. Für den Anfang sollten wir es mit

Wie bekommen wir die Boilies auf das Haar?

1. *Mit der Haar-Nadel durchstechen wir den Köder*

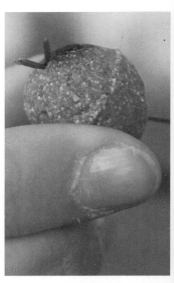

5. *Ein Stück Halm oder Streichholz hindert die Schlaufe am durchrutschen*

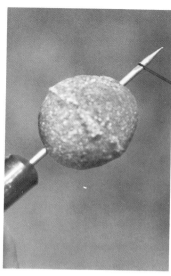

2. Bei empfindlichen oder zu harten Boilies können wir das Loch auch mit einem winzigen Bohrer herstellen

3. Die Schlaufe des Haares wird hinter dem kleinen Widerhaken eingehängt

4. Dann wird das Haar mit der Ködernadel durch den Boilie gezogen

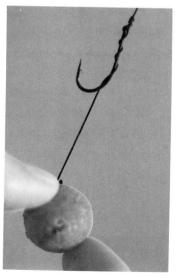

Tip:
Gleich nach dem Fertigen der Boilies werden diese auf dünne Nadeln gezogen und dann luftgetrocknet. So spart man sich das spätere Durchbohren mit der Haar-Nadel oder dem Minibohrer

6. Das vorher am Haken befestigte Haar trägt korrekt den Köder

*Variable Haarlänge: Das Haar
wird am Hakenör befestigt und –
je nach Bedarf – mehrmals um
den Schenkel gewunden*

nadel Mais auf das „Haar". Danach
wird einfach die Ködernadel entfernt
und die Schnurschlaufe über den Hakenbogen geführt.

Abbildung B
Für weiche Köderangebote schiebt
man mit einer Ködernadel ein Stück
Brotkruste auf das „Haar", gerade
über die mit einem gleitenden Knoten
gebundene Schlaufe. Dann zieht man
die Schlaufe über die Kruste; festzie-
hen. Fertig. Hierum kann man seinen
Weichköder kneten.

Abbildung C
Boilies, hartgekochte Köder, können
auch wie unter „B" beschrieben, befestigt werden. Man kann auch den Köder mit einer Nadel über die Schlaufe
ziehen. Dann steckt man ein Stück
von einem Blatt oder einen Grashalm
in die Schlaufe, zieht fest und schiebt
den Köder dicht auf das Blatt oder
den Halm auf. Für weitere Würfe er-
setzen ein Reiskorn oder ein Stückchen Makkaroni den Halm.

Haarlängen von etwa 3 Zentimetern
versuchen. Nimmt ein Fisch den Köder und wird nicht gehakt, dann ist
das Haar zu lang. Sitzt der Haken
nicht in der Lippe, sondern tiefer,
dann ist das Haar zu kurz geraten. Die
richtige Länge hat das Haar bei dieser
fairen Angelmethode, wenn der Haken lediglich in die Lippenpartie des
Karpfens eingedrungen ist.
Bei sehr überfischten Gewässern verhalten sich die Karpfen oft überaus
mißtrauisch. Hier haben wir zuweilen
guten Erfolg mit etwas längeren Haaren (bis etwa 8 cm).

Anwendungsbeispiele:
Abbildung A
Der Köder wird hier auf dem Haar
von einer Schlaufe mit einem gleitenden Knoten gehalten. Dann fädeln
wir unter Zuhilfenahme einer Köder-

Abbildung D
Hier handelt es sich um eine Variante
der Abbildung „C". Das „Haar"
wurde direkt im Hakenöhr anstatt im
Hakenbogen angebunden.

Seitlich gehakt

Wir haben es nun schon mehrfach ge-
lesen: Der Karpfen nimmt den Köder
vorsichtig und völlig zu recht auch
mißtrauisch auf; spuckt ihn zunächst
einmal wieder aus. Wenn er das noch

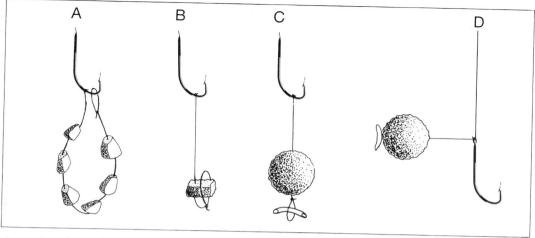

Anwendungsbeispiele

kann. Denn beim seitlich gehakten Köder, der die Hakenspitze völlig frei läßt, ist ihm das kaum noch möglich. Er pustet sich den spitzen Haken förmlich selbst in die Lippe. Als Vorfach eignet sich bei dieser Methode ebenfalls die Carp-line – allerdings in stärkerer Ausführung – besonders gut.

Beim seitlich gehakten Köder kann immer ein ganz besonderes Problem auftauchen: Beißt der Fisch herzhaft und ohne Vorsicht, dann kann er den Haken womöglich tief schlucken. Das

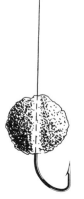

Tip: Beim seitlich gehakten Köder kann die Abflachung des Köders zur Innenseite des Hakenschenkels hin die Fangaussichten vergrößern (sichereres Haken)

Boilie, am oberen Teil des Hakenschenkels angeboten: die Hakenspitze liegt vollkommen frei und kann ungehindert in das Fischmaul eindringen (Haken sollte größer als Boilie sein)

wollen wir tunlichst vermeiden. Bringen wir einen etwa vier Zentimeter langen, dünnen Plastikschlauch (durchsichtig) vor dem Haken am Vorfach an, können wir diese „Unfälle" vermeiden. Der Fisch fühlt bereits bei der Köderaufnahme den Schlauch, ergreift sofort die Flucht und treibt sich dabei den Haken in die Lippe.

Ende gut – alles gut

Bevor wir den seitlich gehakten Köder oder die Haarmethode erfolgreich benutzen können, müssen wir die Stellen finden, an der die Fische ihre Nahrung aufnehmen. Es hat wenig Zweck, sein Angelgeschirr einfach nur irgendwo auszuwerfen und zu hoffen, daß einmal ein Fisch vorbeischwimmt und unseren einsamen Köder entdeckt. Die fängigen Gewässerpartien haben wir durch Beobachten und Ausloten ermittelt.

Das „Haar" wurde erfunden, um eine vertrauensvolle Köderaufnahme zu ermöglichen, was auch eine gute Bißanzeige zur Folge hat. Wo die Bißanzeige unproblematisch ist, wird es sich oftmals erübrigen, das „Haar" einzusetzen, wogegen hier das seitliche Haken des Köders durchaus die Anzahl der gefangenen Fische vergrößern mag. Obwohl die nachstehenden Montagen ausschließlich für den Fang von kapitalen Karpfen konzipiert und immer weiter verfeinert wurden, sind sie durchaus ebenso erfolgreich auf Brassen, Schleie, große Rotaugen u. a. anzuwenden.

Mit der Haarmethode lassen sich alle nur erdenklichen Köder anbieten.

Auch Versuche mit Madenbündeln, Würmern usw. können sich lohnen.

Die Flucht-Montage (Bolt Rig)

Diese Montage ist besonders für Fische geeignet, die dem Köder gegenüber mißtrauisch geworden sind. Dabei kann es sich, je nach Wunsch des Anglers, um verschiedenste Köder handeln. Der Haken wird nur durch die Seite des Köders geführt, wobei man sicherstellen muß, daß die Hakenspitze frei bleibt. Der Ledgerstop oder ein Schrotblei kommt als Stopper auf die Schnur hinter das Grundblei. Die Methode funktioniert einfach: Der Fisch nimmt den Köder samt Haken mit seinem Maul auf. Bewegt er sich fort, so zieht er die Schnur mit dem Ledgerstop gegen das Grundblei. Diese Aktion treibt den Haken in das Maul des Fisches. Dadurch erschrickt er und versucht, mit schneller Geschwindigkeit fortzuschwimmen. Was wiederum sicherstellt, daß der Haken fest im Fischmaul bleibt. Zum Anschlag braucht der Angler nun lediglich die Rute anzuheben und die Schnur zu straffen. Schnelle, harte Anschläge sind überhaupt nicht notwendig, da der Fisch ja bereits sicher gehakt ist.

Vertrauensmontage (Confidence Link Leger Hair Rig)

Das Blei befindet sich an einem Seitenarm und läuft frei. An den Bogen des Hakens binden wir ein Stück

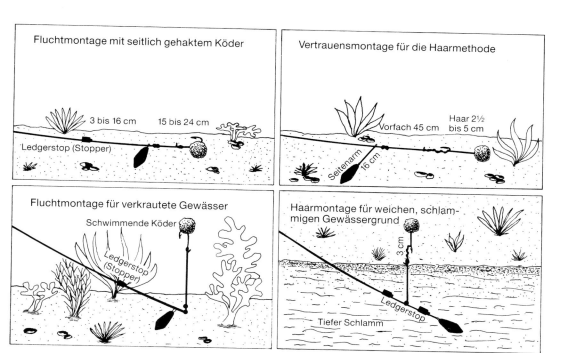

Fluchtmontage mit seitlich gehaktem Köder

3 bis 16 cm   15 bis 24 cm

Ledgerstop (Stopper)

Vertrauensmontage für die Haarmethode

Vorfach 45 cm   Haar 2½ bis 5 cm

Seitenarm 16 cm

Fluchtmontage für verkrautete Gewässer

Schwimmende Köder

Ledgerstop (Stopper)

Haarmontage für weichen, schlammigen Gewässergrund

3 cm

Ledgerstop

Tiefer Schlamm

Schnur („Haar") von 2,5 bis 5 Zentimeter Länge. Hieran wird der Köder in der schon beschriebenen Art und Weise befestigt. Diese Methode benutzen wir immer dann, wenn der Karpfen alle freischwimmenden Köderangebote annimmt, den Hakenköder jedoch unbeachtet läßt.

Diese Methode sichert, daß der Fisch den Köder in seinem Maul aufnehmen kann, ohne jeglichen Widerstand zu verspüren. Trotzdem ergibt sich eine gute Bißanzeige. Ein Anschlag ist hier notwendig, um den Haken zu setzen.

Die Fluchtmontage II (Bolt Rig)

Diese Montage hat sowohl Komponenten der Flucht- als auch der Vertrauensmontage. Normalerweise wird ein seitlich gehakter Köder verwendet. Haben wir ähnliche Probleme, wie sie bei der Vertrauensmontage geschildert wurden, kann man auch das „Haar" anstatt des seitlich gehakten Köders verwenden. Köder, die aufgrund ihres spezifischen Gewichtes eigentlich sinken, sind auch brauchbar, wenn man ein Stückchen Styropor oder Kork auf den Haken oder in den Köder steckt. Benutzt man harte Köder, sollen die Boilies (siehe auch dort) im Ofen gebacken werden, bis sie angebräunt sind. Danach hat das Material genug Auftrieb und schwimmt. Die Fluchtmethode II wird vor allem in solchen Gewässern angewendet, in denen viele Wasserpflanzen vorhanden sind und der Köder über diesen Pflanzen angeboten werden soll.

Die schwimmende Haarmontage (Hair Rig Floater)

Diese Haarmethode hat sich bei sehr weichem Untergrund, in den das Grundblei tief einsinkt, außerordentlich gut bewährt. Der Haken befindet sich an einem Seitenarm, der zwischen zwei Bleischroten oder Bleistoppern auf der Hauptschnur gleitet. Zunächst benutzt man bei dieser Montage einen relativ kurzen Seitenarm. Nun werfen wir aus. Sowie das Grundblei den Boden erreicht hat, holen wir die Schnur wieder ein und kontrollieren den Köder. Zeigen sich Schlammspuren an ihm, so müssen wir den Seitenarm so lange verlängern, bis der Köder nach unseren Kontrollen sauber erscheint. Das bedeutet nämlich, daß er sich gerade über dem weichen Untergrund schwimmend befindet.

Mit der Nudel

Auch bei Verwendung sehr weicher Teigköder brauchen wir auf die fängige Haarmethode nicht zu verzichten. An das Haarende binden wir ein stärkeres Stück Nudel. Um die Nudel herum kneten wir den weichen Teig. Diese Montage hält auch ziemlich weite Würfe unbeschadet aus. Allerdings müssen wir uns nach dem Auswurf für eine feste Köderplazierung entscheiden. Mehrmaliges Verlegen (Heranziehen) des Köders längere Zeit nach dem Auswurf würde die nun weichere Nudel unter Umständen nicht aushalten. Der Köder

Ein Stückchen Nudel, an das „Haar" geknotet. Auch weichere Teig- oder Pastenköder werden gut gehalten.

könnte ausschlitzen. Anstatt der Nudel erfüllt ein Stück Streichholz oder ein kleiner Zweig denselben Zweck. Das Holzstückchen stört den Fisch übrigens nicht im geringsten.

Tip: Gardinenring am Haar; Weichköder lassen sich gut um den Ring kneten

Beißzeiten – gibt's die?

Beißzeiten richten sich neben der Jahreszeit unter anderem nach den jeweiligen Witterungsverhältnissen. Nach den Witterungsverhältnissen richten sich wiederum zu einem hohen Grade die Laichzeiten. Und damit die Fangaussichten. Ein Teufelskreis? Gut so. Eine gewisse Unsicherheit und zugleich das Gefühl der Hoffnung und Erwartung sind die Würze in unserem täglichen Anglerleben. Ein am Fischwasser verbrachter Angeltag mit absoluter Fanggarantie wäre für jeden wirklichen Angler uninteressant.

Der Fisch kennt keine festen Tischzeiten, zu denen er seine Mahlzeiten einnimmt. Seine Freßlust ist keineswegs immer gleichbleibend. Sie wird vor allem durch Wasserstand und Witterung beeinflußt. Allerdings ist es bisher nicht möglich gewesen, dafür eine wirklich geltende Regel ausfindig zu machen. Trotz aller Beißzeiten- und Solunartabellen. Es ist vielen unter uns schon häufig passiert: Wir gingen an's Wasser und fingen Fisch um Fisch. Fische, die wir eigentlich gar nicht fangen konnten, weil sie wegen der Beißzeitentabelle nicht zur Nahrungsaufnahme geneigt waren. Es gibt aber dennoch Erfahrungen, die man sich zunutze machen kann, wenn man sie eben nicht als Gesetz betrachtet. So ist Süd- oder Südwestwind im allgemeinen günstiger, als wenn der Wind nördlicher oder östlicher Richtung weht. Bedeckter Himmel oder leichter Regen sind geeigneter als heller Sonnenschein. Kühlere Witterung weckt in den heißen Sommermonaten oft die Beißlust der Fische.

Der Beißzeitenkalender

*Da hat man zu des Anglers Leid
Erforscht des Beißens richt'ge Zeit
Für Frühling, Sommer, Herbst
und Winter
Nach Uhrzeit und auch nicht
minder*

*Nach Woche, Stunde und auch Tag
Jedoch, es ist schon eine Plag
Die Fische, die sind so gemein
Schaun nicht in den Kalender rein.*

Das Karpfenjahr

Frühjahr

In den Monaten März bis April ist das Wasser unserer Flüsse und Seen noch recht kühl. Die flacheren Regionen erwärmen sich logischerweise schneller, und wir werden im allgemeinen hier die besten Erfolge erzielen. Um die Mittagszeit bestehen jetzt die größten Fangaussichten.

Sommer

Die Gewässer haben eine optimale Temperatur von gut 20 Grad Celsius. Der gesamte Organismus des Karpfens läuft auf Hochtouren. Dauernd ist er auf der Suche nach Nahrung. Besonders die Morgen- und die Abendstunden versprechen die besten Ergebnisse.

Herbst

Jetzt ist unser Freund dabei, sich die notwendige Fettschicht für die kältere Jahreszeit anzufressen. Während der ganzen Tageszeit ist der Karpfen nun gut zu beangeln. Lediglich die kälteren Abendstunden lassen nicht mehr die gewohnten Sommererfolge zu.

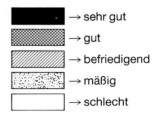

→ sehr gut
→ gut
→ befriedigend
→ mäßig
→ schlecht

Frühjahr

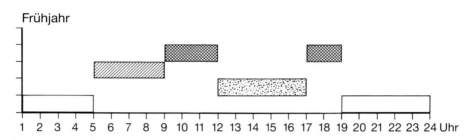

1 2 3 4 5 6 7 8 9 10 11 12 13 14 15 16 17 18 19 20 21 22 23 24 Uhr

Sommer

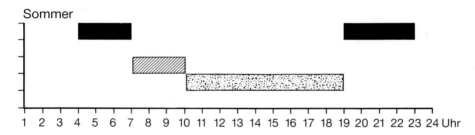

1 2 3 4 5 6 7 8 9 10 11 12 13 14 15 16 17 18 19 20 21 22 23 24 Uhr

Herbst

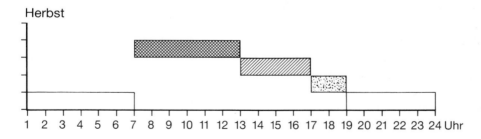

1 2 3 4 5 6 7 8 9 10 11 12 13 14 15 16 17 18 19 20 21 22 23 24 Uhr

Winter

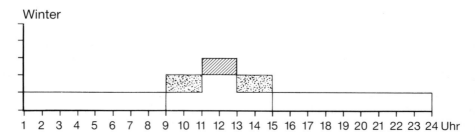

1 2 3 4 5 6 7 8 9 10 11 12 13 14 15 16 17 18 19 20 21 22 23 24 Uhr

Winter

Der Karpfen zehrt von seinem angesparten Fett und verhält sich ruhig und still. Nur das Futter, das ihm tatsächlich bis vor das Maul schwimmt, nimmt er gnädig an. Werden die Fische – etwa durch Schlittschuhläufer auf dem Eise – aufgeschreckt, verbrauchen sie durch ihre Fluchten einen gehörigen Teil ihrer Fettreserven. Schwächungen – eventuell sogar das Verenden – wären dann die vermeidbare Folge.

Richtig anfüttern

Das war schon immer so: Dort, wo sich das Futter sammelt, da findet man auch die Fische. Also liegt es doch nahe, daß der Angler einen ganz bestimmten Futterplatz anlegt, um die Fische an diesen Platz zu locken. Oft stellen sich die Fische derartig intensiv auf ein bestimmtes Anfutter ein, daß sie sich vornehmlich von ihm ernähren. Wie muß nun ein attraktiver Köder beschaffen sein? Für den Angler ist er attraktiv, wenn er billig und leicht zu beschaffen und dazu noch fängig ist. Für den Fisch spielen Geruch, Geschmack und Nährwert wohl die größten Rollen. Partikelköder – das sind Samen, Saatgut, Körner und Nüsse – eignen sich hervorragend für die Anfütterei. Gängig sind vor allem Mais, Bohnen, Erbsen, Weizen und Hanf. Wir müssen allerdings darauf achten, daß diese Köder in gekochtem, weichem Zustand angeboten werden. Harte Köder werden zwar auch vom Fisch aufgenommen, quellen aber im Darm und können dadurch schlimme innere Verletzungen hervorrufen.

Natürlich haben alle genannten Köder einen gemeinsamen Nachteil: Sie werden auch von anderen Fischen nicht verschmäht. Damit müssen wir uns letztes Endes abfinden. Selbstverständlich sinken mit zunehmender Ködergröße die Bisse der von uns unerwünschten Fische.

Wichtig ist nun, daß wir unseren Anfütterköder in regelmäßigen Zeitabständen dem Gewässer zuführen. Der Fisch muß davon überzeugt werden, daß er hier ein völlig natürliches Nahrungsmittel vorfindet. Gerade vor der ersten Karpfensitzung sollte man mindestens an drei bis vier aufeinanderfolgenden Tagen mit den Partikelködern füttern.

Anfüttern mit Boilies

Auch mit Boilies können wir selbstverständlich gut geeignete Futterplätze anlegen. Hier müssen wir – wie bei den Partikelködern – den Fisch an diesen Leckerbissen gewöhnen. An Gewässern, in denen überhaupt nicht mit Boilies gefischt wird, müssen wir – jeweils einmal in der Woche – 100 bis 200 dieser Köder anfüttern. Nach rund vier Wochen haben wir die Karpfen auf den neuen Köder umgestellt. Sie fressen sie nun mit wahrer Begeisterung und sind ständig auf der Suche nach diesem für sie so nahrhaften Köderangebot. In Gewässern, in denen zuweilen oder ständig mit Boilies gefischt wird, dauert dieser Gewöh-

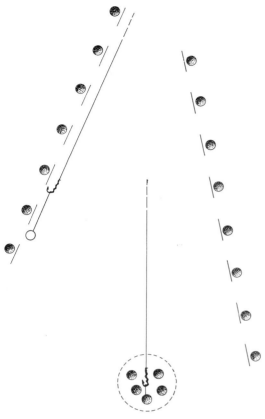

Anlegen einer Futterstraße und mögliche Köderplazierungen

Tip: Der Boilietransporter
Das Plastikrohr ist unten mit einem Tennisball verschlossen. Der gefüllte Behälter wird mit der Karpfenrute ausgeworfen. Auf der Wasseroberfläche aufgekommen, schwimmt der Tennisball. Das Rohr zeigt dann schräg nach unten und gibt die Boilies frei.

nungsprozeß natürlich längst nicht so lange. Auch benötigen wir hier nicht die enormen Mengen an Köder.

Während des Angelns genügt es vollauf, etwa alle drei bis vier Stunden rund 10 Boilies an den Futterplatz zu schießen.

Bessere Fangerfolge hat mit Sicherheit derjenige aufzuweisen, der sich Anfütterplätze und Bisse genau notiert und seine Erfahrungen und Kon-

sequenzen aus diesen Kenntnissen sammeln kann.

Unsere Fangstatistik könnte wie auf Seite 113 aufgebaut sein:

Typische Fehler

Karpfenangler sind eigentlich immer von einer leichten Neugier geplagt. Was hängt nach einem Anbiß wohl an der anderen Seite ihrer Angelschnur?

Fangstatistik

Gewässer:	Datum:
Angelort / -stelle:	Wetter:
Angelmethode:	Wasser:

Futterzusammensetzung und Köder:

Angelzeit von bis	Bisse (Uhrzeit)	Karpfenart	Gewicht in Gramm
――――― ――――― ―――――	――――― ――――― ―――――	――――― ――――― ―――――	――――― ――――― ―――――
Rute	Rolle	Schnur	Haken
Vorfach	Bißanzeiger	Blei	Montage

Bemerkungen:

Für einen „Zweistelligen" muß man schon mal baden gehen

Leider stellt sich diese Frage bei vielen Anglern nur sehr selten. Jeder Angler macht entscheidende Fehler. Auch der noch so versierte Karpfenspezialist stöhnt nach einem verlorenen Zweikampf mit dem Schuppenträger manchmal enttäuscht: „Hätte ich doch nur . . ." Aber das nutzt dann auch nichts mehr.

Der Einfallsreichtum der Angler ist beim Fehlermachen geradezu verblüffend, und es ist deshalb fast unmöglich, alle Fehler aufzuzeigen. Vor den typischen wollen wir aber nachstehend warnen.

1. Wenn der Fisch Schnur von der Rolle nimmt und wir gleichzeitig die Kurbel betätigen, fördern wir die Verdrallung und damit eine Schwächung unserer Angelschnur.

2. Die Angelschnur sollte nach häufiger Beanspruchung mindestens jede Saison gewechselt werden. Schnurbruch bedeutet (meist) Fischverlust!

3. Große Karpfen gehören in große Kescher. Besser noch in Karpfensäcke. In normalen Netzen können sich die Rückenstrahlen des Fisches verhängen, das Netz zerstören und – weit schlimmer – den Fisch verletzen.

4. Niemals sollte der Karpfen über einen Kescher gehoben werden. Ausschlitzen, unnötige Verletzungen, Fisch- und Materialverlust können die Folge sein. Der Karpfen wird immer im Wasser über den bereitgehaltenen Unterfangkescher geführt. Auch dieser wird danach nur ganz leicht angehoben und so zum Ufer gezogen.

5. Die Rollenspule hat zuwenig Schnur. Folge: Wir erzielen geringe Wurfweiten, weil sich die Schnur laufend an der Spule reibt. Dadurch können auch Schnurbeschädigungen entstehen.

6. Auf der Schnurrolle ist zuviel Schnur. Folge: Die Schnur macht sich – auch bei geschlossenem Bügel – selbständig und springt von der Rolle.

7. Neue Schnur auf der Rolle kringelt sich durch falsches Aufwikkeln oder längere Lagerung auf dieser Rolle nach dem Auswurf auf dem Wasser. Exakt und schnell Anzuschlagen ist so kaum noch möglich, zumal dann nicht, wenn weite Entfernungen zu überbrücken sind. Problemlösung: Wir hängen den Haken sicher (aber wirklich sicher! Sonst fliegt uns die Montage bei starker Schnurspannung gefährlich um die Ohren.) an einen Ast und laufen mit der Rute etwa 100 bis 150 Meter fort. Jetzt spannen wir die Schnur und kurbeln langsam ein, während wir zum Ast zurücklaufen.

8. Wiegenetze werden – wie auch die Karpfensäcke – genäßt, damit der Fisch keinen Schaden erleidet.

9. Spätestens zu Beginn der neuen Angelsaison ist ein Durchchecken der Angelgeräte und -utensilien angebracht. Alte Schnur, rostige Haken und andere unbrauchbare Dinge müssen in den Mülleimer wandern, soll uns ihr Einsatz nicht später am Wasser bitter leid tun.

10. Haken sollten – je nach Größe sortiert – in beschrifteten Kästchen trocken gelagert werden. Sie haben die schlechte Angewohnheit, sich sonst unauffindbar zwischen unseren Angelutensilien zu verkrümeln. Oder aber sie befinden sich hartnäckig in unserem Finger. Dann haben wir sie zwar gefunden, sind aber um eine schmerzhafte Erinnerung reicher.

11. Der fertig montierte Unterfangkescher sollte immer griffbereit neben uns liegen. Wenn sein Netz auch schon vorgenäßt wurde, dann sinkt es beim Keschervorgang auch sofort ein.

12. Selbstinformation ist wichtig! Das sorgfältige Studieren von Fachlektüre zeigt häufig auf, wo und wann die „Großen" zu fangen sind.

13. Hat man sich für ein bestimmtes Gewässer entschlossen, sollte man danach trachten, nähere Informationen zu erhalten. Wann wurden die ersten Karpfen eingesetzt? Wie viele werden in jedem Jahr gefangen? Wie schwer sind die größeren gefangenen Fische? Wo befinden sich die bevorzugten Angelstellen der Einheimischen (die kennen in der Regel das Wasser am besten)?

14. Nasse Schnur ist widerstandsfähiger als trockene. Speziell vor weiten Würfen feuchten wir deshalb die schnurgefüllte Spule an.

15. Sollen schwimmende Köder an der Wasseroberfläche angeboten werden, kann es mit den Schwimmvögeln Probleme geben. Denn die verschmähen die angebotenen Köder ebenfalls nicht. Allerdings haben wir herausgefunden, daß grün eingefärbte Köder sonderbarerweise nicht von den Wasservögeln aufgenommen werden.

16. Besteht eine Luftaufnahme des von uns befischten Gewässers, so können wir häufig seichte Stellen entdecken, deren Position wir uns merken. Hier verweilen die beschuppten Gesellen im Sommer recht gern. Sie pflegen dort Sonnenbäder zu nehmen. Oftmals schauen die Rückenflossen oder sogar ein Teil des Rückens dabei aus dem Wasser.

17. Stehle mit den Augen! Schaue bei erfahrenen Anglern zu. Ergattere Tips und Tricks.

18. Gehe den Dingen auf den Grund. Kurzes Hinschauen und dann sofort in die Tat umsetzen, das klappt meistens nicht.

19. Haben wir einen Karpfenbiß registriert, dann hat ein sofortiger Anschlag – zumal wenn weite Entfernungen zu überbrücken sind – kaum viel Erfolg. Wir warten lieber, bis der Fisch selber die Schnur fast strafft und schlagen dann erst an. Haken sitzen dann auf jeden Fall.

20. Wir sollten nie auf Anfänger oder schlechter ausgerüstete Kollegen herabschauen. Besser ist auf alle Fälle unsere tatkräftige Hilfe. Auch wir befanden uns allesamt bereits in unerfreulichen Angelsituationen, aus denen wir uns ohne freundliches Eingreifen der Kollegen allein nur schwerlich helfen konnten (z. B. Kescherhilfe).

Stationen eines Karpfendrills

● Unser Bißanzeiger signalisiert, daß ein Fisch sich an den Köder herangemacht hat.

● Schnur läuft von der Rolle.

● Wir nehmen die Rute aus der Halterung.

● Bügel zuklappen (Bremse ist offen!)

● Die Rutenspitze zeigt in Richtung Fisch.

● Jetzt zieht der Karpfen die Schnur stramm.

● Wir schlagen gefühlvoll an. Dabei fungiert unser Mittelfinger als Spulenbremse.

● Der Haken sitzt im Fischmaul fest.

● Mit strammer Schnur und mäßig gebogener Rute warten wir auf die ersten Reaktionen des Fisches.

● Der Mittelfinger am Spulenrand bremst die Fluchten gefühlvoll ab.

● Vorsicht beim Keschern! Die letzten Fluchten des Karpfens in Unterfangkeschernähe sind nochmals voller verzweifelter Kraft.

Winterkarpfen

Das Angeln im Winter ist – nicht nur für den Karpfenangler – eine Angelegenheit für Naturburschen oder aber für ganz Leichtsinnige. Die hüten dann zwischen eiskalten Angeltagen regelmäßig mit schlimmen Erkältungen das Bett.
Geeignete Kleidung (warmes Unterzeug, Thermoanzüge, dicke Socken, wasserfestes und bequemes Schuh-

werk etc.) sind dabei unerläßlich. Auch an Wäsche zum Wechseln sollten wir denken.

Und noch etwas zur Anglerkleidung im allgemeinen: Die Kleidung prägt das äußere Erscheinungsbild der Angler ungeheuer mit. Für die gesamte Sportfischerei wird es immer wichtiger, ein positives Image in der Öffentlichkeit aufzubauen. Nur hierdurch wird es uns gelingen, die zahlreichen Probleme der Angler auf Dauer zu lösen. Und zu einem positiven Anglerbild gehört nun einmal die passende, waidgerechte Kleidung.

Mit den sinkenden Wassertemperaturen paßt sich der gesamte Körperhaushalt des Fisches an seine Umwelt an. Die Herzschlagfrequenz sinkt, der Sauerstoffbedarf nimmt um rund 15 Prozent ab. Der Körper verbrennt nicht mehr so viel Energie und benötigt demzufolge auch geringere Mengen an Nahrung. Der Fisch zieht also nicht dauernd auf der Suche nach Freßbarem umher. Es liegt auf der Hand: Winterkarpfen sind schon aus diesen Gründen schwerer zu fangen.

Angefüttert wird nur in geringem Maße. Zehn bis zwanzig hartgekochte Knödel von sechs bis zwölf Zentimeter Durchmesser reichen beispielsweise vollauf für einen Winterangeltag. Dabei werden fünf zu Beginn (möglichst in Hakennähe), die übrigen dann verteilt auf die restliche Angelzeit eingeworfen.

Da der Karpfen das Interesse an viel Nahrung verloren hat, müssen wir ihn suchen. Zugegebenermaßen ist dies kein einfaches Unterfangen. Jahrelange Wintererfahrung an den von uns

Wintercamp

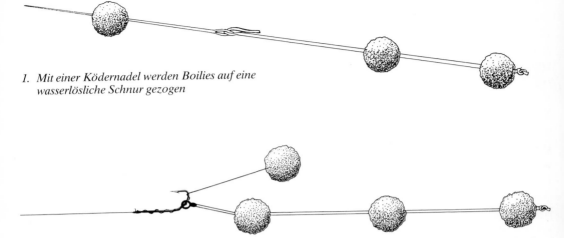

1. *Mit einer Ködernadel werden Boilies auf eine wasserlösliche Schnur gezogen*

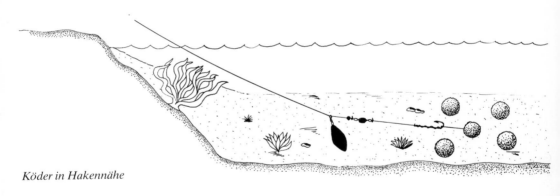

2. *Diese wird am Haken befestigt. So liegt der Anfütterköder nach dem Auswurf in unmittelbarer Nähe des Hakenköders*

Köder in Hakennähe

bevorzugten Seen sowie die Kenntnis der Sommerstandorte können uns eventuell weiterbringen.

Im Winter kommen die Bisse zuweilen zaghaft und kurz. Der geringste Zupfer muß mit einem Anschlag quittiert werden. Bei den Haken sollten wir uns auf die Größen 6 oder 8 festlegen. Da ein Großteil der Wasserpflanzen im Winter ausgestorben ist, lohnt sich der Versuch, mit etwas dünneren Hauptschnüren zu fischen.

Auch Karpfen lassen sich liften

Bei Angeln in stillen Gewässern hat sich die Liftmethode hervorragend bewährt. Sie wird im allgemeinen meistens beim Fischen auf Brassen und Güstern angewandt, läßt sich jedoch gleichermaßen erfolgreich auf unseren Freund, den Karpfen, einsetzen. Montage und Bebleiung erfolgt folgendermaßen:

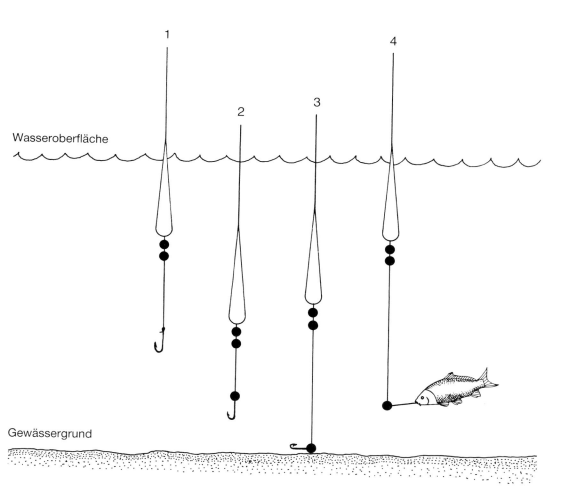

Wasseroberfläche

Gewässergrund

1 *1. Ausbleiung (Bleie direkt vor dem Wirbel anbringen)*

2 *2. Ausbleiung (ca. 5-10 cm vor dem Haken wird ein Bleischrot angebracht, das die Pose fast untergehen läßt)*

3 *endgültige Einstellung*

4 *Bißanzeige (Der Fisch nimmt mit dem Köder das auf dem Boden liegende Blei auf und hebt damit die Antenne deutlich aus dem Wasser).*

Karpfennächte

Gerade an vielen Gewässern, an denen tagsüber eine riesige Menge Erholungssuchender für Lärm und Unruhe sorgt, eignen sich die stilleren Nachtstunden vortrefflich, auf den Karpfen anzusitzen. Damit wir im dunkeln nicht wie blinde Hühner herumstolpern, bereiten wir das Gerät schon vorher vor. Auch das Anfüttern erledigen wir noch. Dann merken wir uns Stellen am gegenüberliegenden Ufer, mit deren Hilfe wir auch des nachts eine einigermaßen gute Orientierung beim Auswurf haben. Die Geräte stellen wir uns so hin, daß wir sie nicht erst im Lichte der Morgendämmerung wiederfinden. Jeder Griff muß sitzen. Knicklichter können sich durchaus als sehr nützlich erweisen. Köder werden am besten bereits auf Vorfächer gezogen. Dann können wir in der Dunkelheit bei Bedarf schnell das ganze Vorfach auswechseln. Taschenlampen benutzen wir nur im Notfall als Lichtquelle. Haben sich unsere Augen erst einmal an die Dunkelheit gewöhnt, dann stellen wir fest, daß wir immer noch eine Menge sehen und uns zurechtfinden können.
Noch eines erscheint uns wichtig: Wer abends noch in brütender Hitze im kurzärmeligen Hemdchen am Wasser seine Schweißtropfen vergoß, der wird sein blaues Wunder erleben, wenn die Sonne verschwunden ist und sich eine empfindliche Kühle breitmacht. Wir wollen deshalb auf gar keinen Fall wärmere Sachen vergessen.

Merke: Zitternde und bibbernde Angler sind nur halbe Angler.

Unvergessene Karpfentage

Ein Tag wie jeder andere?
(David Lewis)

Mitte Juni. Montagabend. Boilies herstellen. Dienstagabend: immer noch Boilies herstellen. Mittwochabend: immer noch Boilies. Werde von meiner Frau aus der Küche verbannt. Donnerstagabend: Angelgeräte in Schuß bringen. Lade Angelgeräte in's Auto und mich in's Bett. Ich fühle mich schwach und krank vor lauter Vorfreude. „Leichte Temperatur", sagt das Thermometer. „Karpfenfieber, behauptet meine Frau. Sie hat wie immer recht: Am Sonntagmorgen gegen vier Uhr erlebe ich die allwöchentliche Blitzgenesung und bin kerngesund. Raus aus den Federn. Pappige Brote aus der Dose, lauwarmer Kaffee aus der Thermoskanne. Ab geht's. Das Auto findet den Weg schon allein. Ich kann mich voll und ganz auf die kommenden Angelfreuden konzentrieren. Die vorgesehene Angelstelle kenne ich inzwischen genau. Zu oft war ich in der letzten Zeit am See, sah die prächtigen Karpfen faul in der Sonne an der Wasseroberfläche stehen. Oder sie gründelten – das zeigten die angetrübten Stellen des Wassers – nach Nahrung. Daß es Karpfen sein mußten, zeigten mir die gelegentlichen, übermütigen Sprünge meiner dicken Lieblinge. Beim Geräteaufbau sind meine Hände ganz ruhig, obwohl ich voller Erwartung dem Kommenden entgegenfiebre. Zwei Ruten baue ich zusammen. Das starke und dennoch so weiche Dacron ist mit je einem Haken der Größe 4 verbunden. Daran hängen an Drei-Zentimeter-Haaren die Boilies. Geschmack: Einmal Honig und einmal Fisch. Auswurf. Die Affenklettern werden montiert, die elektronischen Bißanzeiger, die gleichzeitig als Rutenauflage dienen (V-Form) eingeschaltet, die Rutengriffe auf entsprechenden u-förmigen Ablagen in Reichweite deponiert. So, die Arbeit wäre getan. Nun kann ich auf meinem Stuhl entspannen. Mich an der Natur erfreuen. So richtig faulenzen und mit mir und allem anderen sehr zufrieden

sein. So denke ich noch, als das durchdringende Piepsen des elektronischen Bißanzeigers meine Ruhe abrupt unterbricht. Die nächsten Griffe kommen ganz schlafwandlerisch, tausendmal geübt. Mit und ohne Erfolg. Zuletzt mehr mit. Die Rute, die keinen Biß verzeichnet, lege ich mit der Spitze in das Wasser, damit sich die Schnur möglichst nahe am Gewässergrund befindet, am besten dort aufliegt. So gehe ich ärgerlichem Schnursalat aus dem Wege. Schnell ergreife ich die „richtige" Rute. Es ist die mit dem Fischgeschmack. Und mein Freund und Gegner auf der anderen Seite nimmt immer noch Schnur. Jetzt schließe ich den Bügel. Langsam strafft sich die Schnur. Plötzlich fühle ich mich wieder ganz elend. Auf weichen Beinen, mein ganzer Körper erzittert im Karpfenfieber, schlage ich an. Und jubele still vor mich hin: Der Anhieb sitzt! Nur für einen winzigen Augenblick dachte ich, einen Hänger zu haben. Das ist oft so beim Karpfenfischen. Was da am anderen Ende der Angel tobte, das war kein Durchschnitt. Denn nun ging es ab wie ein D-Zug, ach was, ein Intercity. Gegen dieses Kraftpaket hat auch meine starke Schnur nichts entgegenzuset-

Der Bißanzeiger der linken Ruten signalisierte den Anbiß. Sofort wird die Spitze der rechten Rute in das Wasser geschoben. Hiermit wird vermieden, daß sich die Schnüre beider Ruten miteinander verstricken.

Schön gezeichneter Schuppenkarpfen

Auch Davids Exemplar ist ein Prachtstück

zen. Mit dem Mittelfinger wird die Schnur etwas gebremst. Aber was soll das Ganze gegen diese urwüchsige Kraft? Nicht ich drille den Fisch, nein, er macht mit mir, was ihm gerade einfällt. Weit draußen kommt er langsam hoch. Ich halte die Rutenspitze tief in das Wasser, um ihn am Rausspringen zu hindern. Wenn das geschieht, habe ich ihn leicht wieder verloren. Nach etwa zehn Minuten werden die Fluchten des Tieres behäbiger, träger. Und ich bin schweißgebadet. Langsam schwimmt er in Ufernähe. Steuert ein Seerosenfeld an. Nicht auszudenken, wenn ihm das sofort eingefallen wäre. Schwerfällig widerstrebend läßt er sich eine andere Richtung aufzwängen; taucht, nochmals Schnur nehmend, zum Gewässergrund. Es nutzt ihm nicht mehr.

Mit dieser Spezialwaage können auch Kapitale gewogen werden

Vorsichtig zurückgesetzt

126

Bald führe ich ihn über den nassen Unterfangkescher. Den brauche ich nun nur noch leicht anzuheben und zum Ufer zu ziehen. Noch im Wasser löse ich den Haken, der vorn in der Lippenpartie sitzt. So rasch wie möglich wird gewogen, gemessen, nach äußerlich erkennbaren Krankheiten untersucht und fotografiert. Jetzt erst kommt meine überschäumende Freude zum Ausbruch. Für einen kleinen Augenblick noch betrachte ich das prachtvolle Spiegelkarpfenexemplar. Glatte 22 Pfund bringt er auf die Waage. „Mit Sicherheit zu schwer für die Pfanne", entschuldige ich mich bereits – wie bei fast allen gefangenen Karpfen – im stillen bei meiner Frau, bevor ich meinen nassen Freund in sein Element zurücksetze.

So fängt es an! (Wolf-Bernd Wiemer)

Karpfenangeln ist stinklangweilig. Das jedenfalls pflegte ich den Karpfenspezialisten gegenüber noch vor einiger Zeit frech zu behaupten. Da setzt man sich auf sein Angelstühlchen; geduldig abwartend, ob da nicht ein armer Deibel von Karpfen auf die Kartoffel hereinfällt, in welcher ein für meine Verhältnisse riesiger Haken steckt. Denn ich bin Stipp- und Wettangler durch und durch. Angeln mit Schnurstärke über 0,15 mm Durchmesser und Haken jenseits der Größe 12 war für mich bereits reine Barbarei. Bis zu jenem Tag im Winter jedenfalls, an dem ich „mein" Karpfenerlebnis hatte. Und das war so: Ich angle an jedem Wochenende. Auch im Winter. Falls nicht gerade

alle erreichbaren Gewässer zugefroren sind. Außerdem guckt meine Frau schon ganz mißtrauisch, wenn ich mal an einem Sonntag nicht in Herrgottsfrühe aus dem Bett und hinein in meine Angelklamotten flitze. In ihren Augen sind Angler nämlich allesamt ein bißchen verrückt. Weil sie nicht – wie sich das für normale Menschen gehört – am Wochenende richtig ausschlafen. Und dabei würde ich sie dann stören. Garantiert.

Ich krame also meine Utensilien zusammen: Feine Schwimmer (zwei Gramm Tragkraft, 12er Hauptschnur, 16er und 18er Häkchen an 10er Vorfächern. Dazu packe ich die lange Stipprute ein. Kleine, rote Minimaden (Pinkies) müßten noch vom vorigen Sonntag im Kofferraum sein. Hoffentlich in der Dose.

Auf dem Wasser des Rheinhafens in Wiesbaden lag eine dünne Randeisschicht. Was sollte man auch von einem eiskalten Januarmorgen schon anderes verlangen? Mich störte das kaum in meinem warmen Thermo-Overall. Wegen der Glätte baute ich meine Wettkampfplattform auf. Danach die Angel. Zunächst mit acht Meter Länge. Dann wurde – wie das bei den Stippanglern so üblich ist – gemäßigt angefüttert. Zunächst tat sich – auch daran war ich gewöhnt – gar nichts. Aber bald konnten die ersten Rotaugen den leckeren Mädchen am feinen Haken nicht widerstehen. Bald darauf konnte ich auch einigen Brassenjünglingen in meinen Setzkescher verhelfen. Was dann kam, werde ich so rasch nicht wieder vergessen: Wie bei einem Brassenbiß hob sich die

Pose leicht aus dem Wasser. Gedankenschnell und ganz automatisch kam der Anschlag. Hänger! Ganz schön Leben in diesem Hänger! Der nächste Gedankengang kam – jeder Stippangler kann mir beipflichten – ebenfalls recht zwangsläufig. Es muß ein großer Brassen sein. Von außen gehakt. Und nun zog der „Brassen" mit einer für meine Verhältnisse urwüchsigen Kraft seine Kreise größer und immer größer. Die Schnur fing an zu singen. Ich mußte, wollte ich keinen Bruch riskieren, Rutenteile aufstecken. Dabei wurde ich des steilen Ufers wegen zum Ausstehen gezwungen, rutschte aus, durchbrach die dünne Randeisschicht und stand bis zu den Knien im Wasser. Nichts Neues für mich. Aber im Januar? So richtig war ich mir meiner nassen Lage gar nicht bewußt, denn der Fisch am anderen Ende heizte mir tüchtig ein. Bald hatte ich meine Steckrute bis auf stolze 12,5 Meter ausgefahren. Weiter ging es nun nicht mehr. Der dicke Schuppenkerl schien das zu ahnen. Nun spielte er mit mir herum. Verkürzte ich die Rute etwas, zog er sofort wieder hinaus und zwang mich zum erneuten Aufstecken. So ging das geschlagene 20 Minuten. Dann hatte der Riese anscheinend keine Lust mehr. Teil für Teil konnte ich nun zügig abstecken und dann die Achtmeterrute langsam anheben. Als ich den dicken Kerl zum ersten Male an der Wasseroberfläche sah, blieb mir vor Erregung die Luft weg. Ein riesiger Fisch! An 12er Hauptschnur, 10er Vorfach und 18er Häkchen. Ich bekam weiche Knie, den Fisch irgendwie über den Unterfangkescher und gleich darauf einen roten Kopf. Denn über mir klatschten begeisterte Sonntagsspaziergänger, die den langen Drill des im Eiswasser stehenden Sonderlinges aufmerksam beobachtet hatten. So, als wenn ich jeden Tag eine Menge solcher Prachtexemplare fangen würde, löste ich den knappsitzenden Haken und setzte den Riesen von mindestens – jedenfalls fast! – zwei Kilogramm wieder zurück. Enttäuschtes Gemurmel über mir. Und, ich könnte es beschwören: Als ich den für meine Verhältnisse gewaltigen Fisch zurückgab in sein Element, da blinzelte er mir ganz verschmitzt zu. So, als wüßte er genau: „Karpfenfieber! So fängt es an!"